NA NOSSA PELE

Lázaro Ramos

Na nossa pele
Continuando a conversa

Copyright © 2025 by Lázaro Ramos

Grafia atualizada segundo o Acordo Ortográfico da Língua Portuguesa de 1990, que entrou em vigor no Brasil em 2009.

Capa
Alceu Chiesorin Nunes

Foto de capa
Edgar Azevedo

Imagens de miolo
p. 125: Débora Melicio
p. 127: Nila Carneiro

Ilustrações
Alceu Chiesorin Nunes

Preparação
Ciça Caropreso

Revisão
Huendel Viana
Adriana Moreira Pedro

Dados Internacionais de Catalogação na Publicação (CIP)
(Câmara Brasileira do Livro, SP, Brasil)

Ramos, Lázaro
    Na nossa pele : Continuando a conversa / Lázaro
Ramos. — 1ª ed. — Rio de Janeiro : Objetiva, 2025.

    ISBN 978-85-390-0855-1

    1. Atores negros – Brasil 2. Discriminação racial
– Brasil 3. Memórias 4. Negros – Brasil 5. Racismo
– Brasil 6. Reflexões 7. Televisão – Brasil I. Título.

24-228499	CDD-791.45028

Índice para catálogo sistemático:
1. Atores negros : Racismo : Reflexões 791.45028
Cibele Maria Dias – Bibliotecária – CRB-8/9427

Todos os direitos desta edição reservados à
EDITORA SCHWARCZ S.A.
Praça Floriano, 19, sala 3001 — Cinelândia
20031-050 — Rio de Janeiro — RJ
Telefone: (21) 3993-7510
www.companhiadasletras.com.br
www.blogdacompanhia.com.br
facebook.com/editoraobjetiva
instagram.com/editora_objetiva
x.com/edobjetiva

Este livro é dedicado a:

*Meus pais, Célia Maria e Ivan Ramos. Tia Alzira. Meus
amores João Vicente, Maria Antônia e Taís Araújo.
Dayô, Aladê, Bem, Beatriz, Bela, Nina, Malu, Valentina,
Gabriel, Cauê Malik, Alicia, Daniel e Pedrinho.*

Pandemias passam, governos passam.
O coletivo permanece.
O que precisamos conversar agora
para construir o amanhã?

SANKOFA
SAN = Retornar.
KO = Ir.
FA = Busca: volte e pegue.

Sabedoria adinkra de honrar e aprender com o passado para construir o presente e o futuro.*

---

* Os adinkras são um conjunto de símbolos dos povos acã que representam ideias expressas em provérbios. Ao longo do livro, eles são citados com um resumo de seu significado ou com verbetes retirados do *Dicionário Houaiss da língua portuguesa*.

Minha mãe

Há oito anos, enquanto eu concluía a escrita do *Na minha pele*, escolhi de forma deliberada suprimir passagens da vida da minha mãe, dona Célia Maria do Sacramento. Mãinha. Poucos notaram que ela era uma presença ausente, surgindo em apenas três momentos: logo no começo do livro, quando pedi sua bênção para começar a viagem; numa conversa sobre profissões; e no final, quando me despeço dela e digo que tudo é circular, como na cultura africana. Talvez por ela já ter morrido não tenha se criado a expectativa de saber mais sobre essa grande mulher, e quase ninguém me perguntou por que não contei outras histórias dela. *Na minha pele* é um livro com uma estratégia muito clara. Sempre quis que o leitor concluísse a leitura estimulado, sentindo-se capaz de colaborar para a melhora do mundo, fortalecido para enfrentar os desafios de um país ainda tão desigual. Na época, achei que as histórias de minha mãe seriam desestimulantes ou por demais sofridas para entrarem no livro.

Hoje entendo que eu é que não tive a capacidade de reexaminar a história de Mãinha de forma mais profunda. Não estava pronto para admitir que ainda sinto uma enorme falta da presença dela, e que há muito dela em mim. Às vezes entro num lugar, vejo alguma coisa de que ela gostava e já fico com os olhos cheios d'água. Ouço uma história curiosa, divertida ou emocionante e tenho vontade de contá-la para minha mãe. Conquisto alguma coisa na vida e quero tê-la perto para compartilhar essa alegria e também lhe oferecer algum descanso.

Sou um homem vitorioso. Escorpiano por ser filho do Carnaval, resultado de um rápido namoro na festa de Momo. Muitos me conhecem por filmes, séries, novelas, espetáculos ou entrevistas. Ao falar da minha trajetória, sempre busco celebrar essas vitórias e ter mais vitoriosos ao meu lado. Tenho orgulho de onde cheguei e de toda a minha caminhada. Sou uma pessoa feliz. E ainda hoje me pergunto como foi possível a mobilidade social que aconteceu comigo.

Minha família sempre fez o possível para me dar amor, mas na minha primeira infância eu mudei demais de casa. Passei pela casa da minha tia-avó, depois pela da minha madrinha, a do meu padrinho e enfim cheguei à casa de minha tia-avó Dindinha, para depois, já adolescente, ir morar com meu pai. Durante muito tempo não tive um lugar pra chamar de meu. Isso impacta a vida de qualquer um. Digo isso porque este livro revela aspectos da minha trajetória que não são tão conhecidos. Ou melhor: talvez agora eu compreenda e aceite melhor as complexidades de minha própria história. Você pode então achar que as dores que aparecerão aqui me definem. Mas não. Dor não é virtude. As dores compõem o que me tornei, mas quero lembrar que sou definido pelas minhas potências, pela inteligência, por afetos e sorrisos, pela criatividade e pela coragem também. Mas pra conseguir ver e dizer isso em voz alta tive que passar por muita coisa, e achei que estava na hora de falar sobre isso. Não por mim, mas por todas as pessoas que testemunham ou vivem algo parecido e se perguntam se não haveria outro caminho para si mesmas.

Minha mãe sempre sorriu muito, mas nunca descansou. Estava sempre trabalhando, sempre ajudando ou cuidando de alguém, e guardava para si o cansaço, os desapontamentos, as angústias. Não consegui falar mais dela antes porque achava injusto chamá-la de permissiva, passiva ou, pior, submissa. Na época, por ignorância mesmo, eram esses os primeiros adjetivos que me vinham à mente. E eu sempre me fazia a mesma pergunta: como ela suportou tanto sem se rebelar? Anos se passaram e estou de volta para conversar com você. E agora consigo contar algumas coisas da vida da minha mãe. Dona Célia foi vítima de muitas violências. Algumas delas eu acompanhei sem entender bem que se tratava de violência. Outras, precisei não olhar. Certas memórias podem ter se perdido ao longo do tempo, pois as violências diárias decorrentes da falta de acesso a direitos, do carinho negado, do silenciamento imposto acabam se tornando tão cotidianas que deixam de ser registradas. Mas algumas delas permanecem comigo como uma tatuagem.

Quero começar com o dia em que fui visitar Mãinha no trabalho, naquele mesmo apartamento que descrevi no *Na minha pele*. Eu ficava dentro de um quarto minúsculo, com uma cama de solteiro suspensa acima de um baú para guardar as tralhas da casa, sem espaço suficiente para alguém conseguir dormir, ainda mais com um filho. Eu ficava escondidinho, tentando não incomodar, porque queria estar perto de Mãinha mesmo naquela vida de empregada doméstica que ela levava de segunda a sábado — às vezes até aos domingos — na casa da patroa. Queria sentir seu olhar constante, aquele de quando ela abria a porta e perguntava, pela fresta, se estava tudo bem, ou de quando me levava algum lanche. Aquilo bastava.

Ou precisava bastar.

Numa dessas visitas, enquanto eu no quarto me distraía com algum brinquedo improvisado, ouvi de repente um estalo. Saí apressado para ver o que estava acontecendo e percebi que a patroa da minha mãe tinha acabado de dar um tapa no rosto dela. E continuava a humilhá-la. Minha mãe notou que eu estava ali. Por alguns instantes permaneci parado, olhando para as duas. Minha mãe visivelmente não sabia o que dizer ou fazer, e eu me recolhi.

Ela demorou um tempo para retornar ao quartinho. Quando apareceu, os olhos estavam secos, sem lágrimas. Ela não tocou no assunto e falamos de alguma banalidade, talvez sobre um lanche, uma brincadeira ou qualquer outra coisa, menos sobre o tapa. Talvez ela tenha balbuciado que estava nervosa, mas num tom tão sussurrado que não teve o poder de desencadear uma conversa sobre o que acontecera. Lembro que naquele dia eu a abracei, oferecendo carinho, e que ao perceber que ia chorar ela fez uma piada e me chamou de dengoso. Eu tinha dez anos. Minha mãe continuou a trabalhar nessa mesma casa por mais três anos. Eu só me lembrei dessa história em 2019, depois de um pesadelo. Finalmente eu pude, ou fui autorizado, a me lembrar. Chorei e me revoltei como se tudo tivesse acabado de acontecer. Essa memória ficou guardada por muito tempo e voltou, nítida. Sentindo-me culpado, eu me perguntei por que até os meus dezoito anos, que foi até quando ela viveu, nunca conversei sobre o assunto com ela. Por que ela permitiu ou precisou permitir que aquilo tivesse acontecido e continuou se sujeitando àquele trabalho? Daqui dos meus quarenta e alguns anos, depois de ter estudado em colégio particular e público, ter me desenvolvido bem na minha profissão, ser escutado por várias pessoas, ser respeitado, é quase pueril perguntar por que ela aceitou aquilo. A verdadeira pergunta não é *por quê*, mas *o que* minha mãe precisou suportar ao longo da vida para sobreviver.

Nas festas em que ia com minha mãe, ela era a que mais dançava, a que cantava em voz alta, a que fazia piadas, a que sorria. Qualquer coisa que eu fizesse — e nem precisava ser nada genial — ela sempre aplaudia, elogiava, estimulava. Ela tentava de todos os jeitos possíveis tornar minha vida mais doce, menos dura. Mesmo quando ia me repreender por algo, ela mantinha uma doçura que era quase uma liberação para que eu continuasse a exercer a liberdade das travessuras. Sempre me encorajou, me fazendo ver o que eu tinha e não o que me faltava. Hoje eu entendo que ela me dava o que não tinha. Talvez para me proteger. Ou para permitir que eu experimentasse um outro mundo, outras perspectivas. Não sei se isso era consciente, não sei se foi planejado, mas o tempo todo ela me passava a possibilidade de uma vida leve, uma vida que ela mesma não experimentava no aperto dos transportes públicos, na baixa remuneração, na violência doméstica vivida com um namorado que a agredia. Ainda assim, ela oferecia a mim e ao mundo o seu sorriso. Aquele sorriso me intrigava e, talvez por me intrigar, comecei a não sorrir tanto, a reclamar. Secretamente, comecei a guardar dentro de mim um pequeno rancor. Comecei a criticá-la a cada vez que era maltratada e não reagia — silenciava.

Em alguns momentos, quando estávamos em família, principalmente com minhas primas, tias e tios, ela explodia de alegria como se estivesse compensando todo o resto que passava. A família sempre a amou, todos sempre queriam a presença dela, e ela se sentia importante e leve naquelas horas. Era o que bastava para minha mãe. Eu, por outro lado, já liberado pelo que ela me deu, sempre quis mais — o que não podia e nem conseguia ter.

Com dona Célia eu vivi um momento decisivo. Eu desejei uma vida diferente, mais plena. Queria ser respeitado, escutado e valorizado. E não tinha medo de ser acusado de metido a besta, como geralmente acontece com quem ousa sonhar assim. Eu entendi que a libertação se faz também por meio de ações e de gestos.

* * *

Aos 42 anos, minha mãe adoeceu. Uma doença muito rara. Em um ano, ela começou a mancar, depois a andar de muleta, se tornou então cadeirante até finalmente ficar presa a uma cama sem conseguir mover a maior parte do corpo.

Naquela época, eu morava com meu pai, estava no segundo grau (hoje ensino médio) e tinha dezessete anos. O sonho de ser ator já estava em mim, mas a necessidade de sobrevivência gritava. Minha mãe ficava com uma tia no interior da Bahia, morando num quarto às vezes escuro, com as possibilidades limitadas que a família tinha de alimentação e de espaço. Um esforço coletivo dos meus tios bancava a ida aos médicos, a roupa e o que mais fosse possível. Ela se encontrava a quilômetros de distância de mim e sem um espaço próprio, sem os cuidados ideais e adequados para uma pessoa naquela situação.

Todos os finais de semana eu ia visitá-la. Lá conversávamos, eu cuidava um pouco dela, trocava suas roupas, ajudava a limpar o quarto e contribuía também nas tarefas da casa da minha tia, pois sentia que era obrigação minha pagar pela presença da minha mãe ali. Nunca nada disso foi dito de forma direta, mas eu sabia que tinha uma obrigação com ela.

O tempo foi passando. Os cuidados continuavam longe do ideal. A paciência e as possibilidades de uma família pobre do interior da Bahia estavam se esgotando. Essa era a realidade nua e crua.

Aqui eu farei um salto para falar do dia em que entendi que, para além dos desejos, eu precisaria realizar um gesto.

Eu estava em Salvador, sofrendo com minha mãe presa àquele quarto escuro, quando num rompante entrei num táxi e seguimos por uma hora de estrada — eu sem dinheiro para pagar o taxista e sem informar isso a ele. Durante todo o caminho, nem lembro o que pensava ou o que planejava fazer, eu apenas ia ao encontro dela. Cheguei na casa da minha tia sem avisar, arrumei as coisas da minha mãe, abaixei o banco traseiro do táxi, coloquei ela deitada e disse: "Vamos para Salvador!".

E assim fez o motorista. Ao chegar na cidade, me dei conta de que não tinha ideia de para onde levaria minha mãe. Eu só queria tirá-la de onde estava, um ato até então inimaginável para mim. Era um grito. Eu queria dizer para ela: nós precisamos ser livres! Eu sabia que era o que tinha de ser feito.

Há um anjo da guarda ou um orixá que às vezes sopra no meu ouvido e me oferece um caminho. Apesar de nunca ter ido ao Hospital Irmã Dulce, eu me dirigi para lá. Cheguei na porta e falei que minha mãe precisava de cuidados. Fui atendido. E o taxista? Olha como são as coincidências: no meu primeiro livro, eu comecei contando a história de um encontro com um taxista e a forma como minha vida mudou naquele dia. Mais uma vez um motorista de táxi estava presente num momento de transformação. Depois de ter ido até o interior da Bahia e voltado comigo pra Salvador, para aquele hospital, ele já me olhava com gentileza, talvez sabendo que eu não tinha dinheiro suficiente para uma corrida tão cara. Ele foi outro anjo da guarda. Eu disse a ele que não tinha como pagar, mas que pegaria o telefone dele e um dia pagaria. Ele compreendeu e realmente, meses depois, pude procurá-lo e acertar a corrida.

Aqui um pequeno parêntese: meu pai sempre foi presente e provedor, mas naquele momento eu quis viver aquela jornada sozinho. Não queria pedir dinheiro a ele. Ele inclusive só tomará conhecimento dessa história depois de ler este livro. Era a jornada que eu precisava viver. Talvez por isso tenha recebido aquele gesto de tamanha generosidade do taxista. Ele me mostrava que havia caminho.

Depois de um mês de internação no Hospital Irmã Dulce, voltei lá e disse que ainda não tinha para onde levar a minha mãe. Eles deixaram que ela ficasse mais dois meses. Nesse período, com a ajuda de familiares, consegui um emprego em São Francisco do Conde, no interior da Bahia, como técnico em patologia, auxiliando e executando tarefas em laboratórios médicos. Aluguei uma casa que era mantida com o auxílio dos meus tios, do meu pai e do meu pequeno salário no hospital. E foi assim que tive um último ano de muita alegria com minha mãe.

A alegria foi interrompida algumas vezes, porque mesmo naquela situação ainda havia no mundo quem se sentisse no direito de maltratá-la. Um dia, desconfiado da cuidadora, fingi que saía para o trabalho e retornei repentinamente. Encontrei quem deveria cuidar de minha mãe batendo nela. Mais uma pessoa que se sentiu no direito de agredir aquela mulher negra tão sorridente e generosa. Mais um gesto de desumanização sofrido por minha mãe.

Ao me lembrar dessas histórias, não consigo sentir nada além de revolta, pois ela não merecia isso. Ao lembrar dessas histórias, não há como não ter vontade de gritar.

Por que não foi dada a minha mãe a possibilidade de se posicionar, de repelir as agressões, de se defender? Essas reflexões sobre passividade e possibilidades estão sempre comigo. Por isso quero falar com você sobre silenciamento, lembrando-me de outras pessoas que estavam no meu entorno e que foram me mostrando como essas crueldades vão moldando um pensamento que naturaliza as violências.

Eu, como um homem preto que ascendeu, quero falar sobre o perigo de acreditar que o famoso "pretos no topo" vai resolver tudo. Sem olhar para a base, o que muda ainda será insuficiente. Nesta base estão várias pessoas como minha mãe.

E quero falar sobre minha recusa em ser o que as estatísticas sugerem sobre pessoas como eu. Sim, quero falar sobre construção social, sobre os códigos que nós vamos criando, sobre a forma como vamos estabelecendo maneiras de tratar locais aos quais alguns devem ou podem pertencer e comportamentos que são aceitos para uns e negados para outros.

Minha mãe encontrava seus "sim" e o seu conforto nas escolhas que podia fazer. E nem eram tantas. Durante anos, tratei uma dessas escolhas como anedota — só hoje percebo que era uma maneira de ela se blindar, de evitar que algo mais a ferisse. Dona Célia começava a ler livros pelo último capítulo. Lia a primeira página e pulava para o final. Só descobri isso quando, já acamada e com a visão prejudicada, comecei a ler para ela. Após algumas leituras, ela me pediu que pulasse para o fim. Eu achei graça, me divertindo. Sorrindo, ela me disse que sempre lia primeiro o final porque se ele fosse triste não seguiria com a história. Ela escolhia ler livros que tivessem um final luminoso.

Essa nossa conversa será em homenagem a ela, que sempre me fez sentir confiante, nunca me fez sentir inferior e sempre me mostrou o que eu tinha, e assim me estimulou a voar. Sei que este começo é duro de ler, mas decidi que, no final deste livro, oferecerei a você um caminho mais luminoso para nós, humanos errantes.

Com licença, minha mãe, vou começar mais uma viagem. Te amo profundamente.

Eunumjátedisse

Se você leu meu primeiro livro, já sabe. Se não, vai se acostumando que aqui tem uns vômitos de palavras, mudança no rumo da prosa e retorno em outro ponto, mas a base toda é conversar. Faço perguntas pra você se fazer durante esta viagem, uso palavras simples, às vezes dou uma empolada — tudo tentando reproduzir o fluxo de um bate-papo.

Eu me alimento de conversas. Com quem tenho intimidade ou com quem acabei de conhecer. Com minhas crianças eu bato muito papo e aprendo demais. Como quando fui a uma loja de sapatos com minha filha Maria Antônia e ela pediu um "salto alto de criança". Eu disse a ela que criança não usa salto, precisa pisar no chão para crescer direito e que se eu não cuidasse bem dela podia ir preso. No que imediatamente ela respondeu: "Pai, quando você for preso eu posso usar salto alto?". Descobri o humor dela nesse dia.

Ou João Vicente, meu filho, que queria ir pra escola com uma calça que tinha um furinho e eu não deixei com o discurso de que tem que andar com bom aspecto e tal.

E ele, já no carro a caminho da escola, usando a calça que eu havia escolhido, me disse: "Pai, você sabe que uma calça é só pra proteger do frio, não é?". Desde então levamos um papo sobre tudo. Aparência, costumes, medos e gostos.

Também já perdi um voo conversando com uma senhora desconhecida sobre moqueca baiana e moqueca capixaba, e que acabou em polarização política.

Mas por que essa insistência em conversar? Por que essa ânsia de tentar me conectar a outras pessoas, às vezes passando por cima de diferenças e desavenças?

No mundo de hoje, pode parecer impossível. Num contexto em que a tônica dominante é impor sua verdade e provar que vale tudo para se dar bem, chego a me sentir um tolo. Infantil. Antigo.

E talvez eu esteja te iludindo agora, só para provar um ponto de vista, como muitos fazem, porque sabemos que diferenças e desavenças invariavelmente provocam mesmo é vontade de mandar fulano ou sicrano praquele lugar e depois seguir a vida desejando não cruzar mais com a tal pessoa nem na esquina nem no Instagram.

Mas seguindo o raciocínio de que sou mesmo antigo, posso dizer que sempre recorro às origens — de pessoas, de palavras ou de situações — para me ajudar a responder os enigmas. Sempre que tenho dúvidas na caminhada recorro às origens para entender como seguir em frente. Origens da visão de mundo, origem familiar, origem de uma sensação ou até mesmo de uma palavra dita. Quero entender as origens para atuar na realidade de hoje, no agora. Por isso essa escolha de estimular, nas minhas companhias de viagem, a importância do papo, da conversa, da prosa.

Compreendo que, com certas pessoas, o diálogo será impossível. A brutalidade funciona como um obstáculo intransponível para uma conexão respeitosa. Porque tem gente que quer te matar e aí não há como dialogar, há que se combater. Não encontrei nenhuma estratégia para falar com essas pessoas. Só me resta o simples desejo de que elas sintam alguma coisa na pele para compreenderem determinadas situações ou que a vida vire uma comédia romântica em que tudo magicamente se transforme com um número musical. Ou seja, que se engasguem com seu próprio veneno ou que cantemos juntos numa montanha verdejante o tema de *A noviça rebelde*. (Contém ironia.)

Mas existe ainda muita gente que navega nesta maré turbulenta nossa de cada dia e que ainda não se decidiu por morar numa bolha e plantar autoverdades por aí.

Conversar educa e pode ser estratégico, mesmo na discordância.

Essa frase me remete a uma afirmação que certa vez fizeram sobre mim, a de que sou doce. Uma pessoa dócil. Um corpo dócil.

Essa afirmação soou para mim, a princípio, como um prejulgamento. Mas em seguida silenciei, passivo, assombrado pelos fantasmas das histórias vividas por minha mãe. Será que atualizei a história dela? Como nada é tão simples, preferi não escolher nenhum adjetivo que reduzisse a minha existência. Segui a vida notando os vários movimentos feitos por mim, mesmo porque as pessoas que me conhecem mais intimamente sabem que posso ser bem virulento, incisivo e dono da verdade. Em horas assim, é a dor que está dominando aquilo que expresso, e muitas vezes me arrependo depois.

Aqui uma pausa pra um causo.

Estava eu em 2009 filmando Ó *paí, ó* em Salvador. Depois de muitos anos, voltava para a minha terra para trabalhar com meus irmãos e irmãs do grupo de teatro, que me deram régua e compasso. A alegria era gigantesca naqueles meses; tanta, que tinha a sensação de que o mundo era aquela harmonia de possibilidades criativas e nada me abalaria. Nem parecia que o racismo existia. Xiii, falei a palavrinha pela primeira vez na conversa. E aí, se incomodou? Tá achando identitária essa fala? Sigamos...

Saí do hotel em que estava hospedado e desci a ladeira para almoçar no Taboão, uma das ruas do Pelourinho. No meio do caminho, veio um rapaz com um pedaço de pau tentando me assaltar. Eu estava flutuando tanto nas nuvens que, quando ele pediu meu dinheiro, minha resposta foi: "Não, não vou te dar dinheiro nenhum. Estou indo almoçar, se quiser vem almoçar comigo e a gente ainda toma uma cerveja!". E assim fizemos.

Almoçamos, e ele, mesmo monossilábico, me contou um pouco de sua vida. No final das contas, dei os dez reais que sobraram do dinheiro que eu tinha levado para o almoço e voltei para o hotel com mais um causo e todo esperançoso com aquela prova de que as palavras têm realmente um poder transformador. Maior até do que o que eu imaginava. Sentei-me no saguão pensando que tudo poderia ter dado errado, poderia até ter tido um fim trágico, me chamei de maluco, mas também ponderei que essa história era um símbolo de como a escuta e as palavras bem usadas às vezes podem ter um efeito inesperado.

No meio da minha silenciosa comemoração sou surpreendido por um turista estrangeiro me pedindo pra trazer uma toalha pra ele. Falei com toda tranquilidade do mundo que não sabia onde estavam as toalhas. Eu ainda não tinha percebido a confusão que ele havia feito. Ele subiu o tom, me tratando como um empregado insolente que não o estava atendendo adequadamente, e por fim perguntou se pelo menos um café eu poderia providenciar. Só então a ficha caiu. Bradei com ele, disse tudo aquilo que geralmente falamos quando estamos numa situação dessas e, antes de me acalmar, percebi que todas as almofadas do sofá tinham como estampa imagens de Debret, um dos principais artistas responsáveis por retratar o Brasil colonial. *Xiii, no outro livro Lazinho falava de Monteiro Lobato e lá vem ele agora falando de Debret.* Aí me dei conta de que Debret era a estampa decorativa de toda a área de lazer do hotel! O turista viu e me transportou para as ilustrações, pensei.

Essas imagens já me incomodavam fazia tempo. Naquele dia foi que veio a associação direta delas com o que tinha acabado de acontecer, então fui à gerência do hotel contar o episódio com o turista. Primeiro responderam que eu estava vendo fantasmas. Esse tipo de confusão é compreensível, disseram. Continuei argumentando que não era bem assim, que o mundo estava repleto de naturalizações de situações como aquela e as coisas não poderiam ficar por isso mesmo.

"Essas estampas, para mim, representam uma naturalização de imagens de escravidão que deveriam estar num museu com todas as explicações necessárias, e não na área de lazer de um hotel!" Nada. Argumentos não bastavam. Meu tom subiu, fui para o outro extremo: "Para você seria concebível uma almofada estampada com imagens do holocausto?". Meu tom não era pacífico, não era conciliatório, era definitivo. O hotel tirou as almofadas.

A raiva também está em mim, mas como sou uma pessoa pública e compreendo que existe um sistema que nos domina e que é de difícil transformação — um sistema econômico, um sistema moldado nas redes de relações, um sistema regido por pessoas que têm a posse do poder há mais tempo e por isso se antecipam nas estratégias para mantê-lo em suas mãos —, o meu organismo me leva a usar falas em tons bem mais variados do que o da treta com o Debret e o turista molhado.

Essa estratégia tem a ver com *permanência*, ou seja, a criação de novas redes de relação com um objetivo maior, o de conseguir posições de liderança para, assim, empreender essa transformação mais duradoura nas estruturas das quais participo. Meu mínimo sorriso é estratégico, não que não haja afeto real. Também é uma força. Descobri que posso transformar cada camada do sistema do qual faço parte com a inserção de pessoas, de ideias e de conceitos, pois tive (e tenho) a oportunidade de vivenciar lugares e experiências que muitas pessoas com a mesma origem que eu não vivenciaram. Mas também sei que não serei capaz de provocar todas as transformações necessárias. Nesse ponto, quando dou de frente com minhas próprias limitações, vem o conflito. Porque toda essa estratégia não basta. Ela é um recurso, mas não é suficiente.

Esse comportamento foi moldado pelas experiências que tive. Foi o caminho possível. Mas ele não é o único. Vários outros podem ser trilhados e, a cada dia, esse padrão pode ser modificado. São as suas experiências que darão a resposta de qual será sua melhor estratégia, e você tem inclusive o direito de mudar de rumo. Afinal, estamos sempre em movimento. Aprendemos, descobrimos brechas, nos inspiramos e, principalmente, sentimos na pele os nós diários com os quais estamos atados. E se o nó aperta, há duas opções: desatá-lo ou sermos sufocados por ele — porque presos não podemos viver.

Já vou avisando que alguns pensamentos do primeiro livro foram modificados ou aprimorados, mas tem algo que continua inspirador para mim: saber que as conexões dentro das comunidades criam a verdadeira força. É aquela imagem que todo mundo já viu de um palito sendo quebrado com facilidade e vários palitos juntos se tornarem praticamente inquebráveis. A ideia de que cada farpa, ao se juntar a outras, gera uma força para a transformação já foi repetida muitas vezes. O próprio Martin Luther King se referiu a isso quando disse que tinha consciência de que a existência dele não seria possível sem a existência de Malcolm X. Eles tinham visões opostas — MLK pacifista e X mais radical —, mas não se viam como inimigos. O que muda é que tanto o acolhimento quanto a virulência e a fala incisiva podem ser estratégicos. Mas dentro disso há ainda outra meta: não ser desleal, desonesto ou esquecer das grandes lutas que temos que travar. Esse é um princípio.

Tudo isso faz com que eu retorne à minha primeira referência: os meus mais velhos que, com seu olhar mais atento e sua vivência, nos deixam mensagens e valores fundamentais.

Eunumjátedisse — ou "Eu não já te disse?!" para os que precisam de tradução.

Me lembro dessa expressão que minha avó Edith, meu avô Carrinho e minha tia-avó Elenita, conhecida como Dindinha, sempre diziam com certa impaciência quando a gente perguntava novamente sobre algo que eles já tinham afirmado que fariam ou que não fariam. *Eunumjátedisse* é uma palavra só, não se separa. É uma expressão que, no meu entender, e agora na compreensão dos valores que habitavam a minha família, queria dizer o seguinte: "Se eu disse que farei ou que não farei algo, já é um compromisso assumido. Você não precisa duvidar que minha palavra tem valor". E como fui informado pela diretora e dramaturga teatral Onisajé, *Ẹnu* significa "boca" em iorubá. O que só reforça a minha tese. *Eunumjátedisse* carrega a força do valor da palavra, do compromisso. Muito comumente a gente escuta que pessoas mais pobres são ótimas pagadoras, que quando dão a palavra de que vão honrar uma dívida elas de fato retornam e pagam, apesar de todas as dificuldades e mesmo com todo o sistema cruel de empréstimos vigente. Olha a ironia.

Lembro de outra conversa com mais uma parenta, minha prima Tânia Sacramento, moradora de Caípe, no interior da Bahia. Um dia, sem que este fosse o tema da conversa, ela me alertou: "Lázaro, não sei se você sabe, mas a nossa família é nobre. A família Sacramento é uma família nobre". Perguntei: "Por quê?". Achei que ela falaria de nossos antepassados, de suas posições de destaque em alguma estrutura hierárquica ou algo assim. Nada disso. Ela usou o termo "nobreza" para se referir ao valor da palavra. "Nosso avô Renato", ela disse, "é uma pessoa que cumpre sua palavra." Nossos mais velhos são conhecidos por cumprirem seus acordos. E essa verdade havia se espalhado por ali, naquela vida interiorana. Fui criado no meio disso, de acordo com esse conceito, com esses valores. O *eunumjátedisse* remonta à ética da palavra, ao apalavramento, à palavra como juramento, coisa que hoje em dia... Vemos o tempo todo pessoas mentindo descaradamente em público, promessas sendo desfeitas sem nenhum pedido de desculpa, horários que não são cumpridos mesmo quando temos o celular e podemos anunciar com antecedência o nosso atraso, palavras sendo usadas de modo ofensivo e ferindo profundamente sem que se reflita sobre o impacto que terão no coração e na mente de quem as recebe.

Então eu pergunto novamente: por que conversar?

"Conversar" é uma palavra que vem do latim, *conversare*. No sentido original, implicava dar atenção ao outro. Transmite a ideia de estar junto, ter intimidade, partilhar experiências. Com o tempo, passou a ser a mesma coisa que "falar com alguém". Segundo um dicionário etimológico on-line: "Normalmente uma conversa implica a participação de todas as pessoas envolvidas. Cada um tem sua vez para falar e para escutar".* Acho lindo o conceito que fala sobre a capacidade de escutar e dar valor a cada palavra que é dita. Isso nos obriga a dar tempo para absorver a mensagem. Então, com a palavra, o educador Celso Antunes:

> Mães e professoras, pais e professores dizem sempre, falam muito, mas nem sempre aceitam a troca que toda conversa propõe. Dizer vale para o recado breve, falar para o bom

---

* "Conversar". In: *Dicionário Etimológico: Etimologia e origem das palavras*. Disponível em: <www.dicionarioetimologico.com.br/conversar/>.

conselho ainda que unilateral, mas conversar constitui a essência do crescimento, a troca que aproxima o corpo e que funde almas. Pais e professores que apenas diziam constituem lembranças que, depressa, se desfazem, os que, sem abdicar dos imprescindíveis recados, algumas vezes falavam trazem mensagens com emoção, abrigavam a intenção do bom ensino. Mas quem na vida pode prescindir dos que sabem conversar e com esta arte nos ensinam a viver, educam para a lida e para a luta, mostram a contradição nos caminhos, abrem o espírito para acolher plena sensação do amor, o enlevo da boa poesia. Verdadeiramente imprescindíveis foram e são pais ou mestres que sabem conversar e, por isso, ouvem com atenção, sugerem com doçura, iluminam caminhos incertos, abrigam intenções autênticas.[*]

Este livro tem sabor de caminhada. O pensamento não é estanque e continuar a conversar com você sobre a crise civilizatória que vivemos é um alento. Caaaalma. Já, já falaremos da compreensão de civilização que busco aqui neste livro.

Eu me recordo da entrevista que fiz com a psicanalista Neusa Santos Souza para o meu programa de entrevistas *Espelho*. Ela me disse ter repensado e descoberto várias coisas após escrever o seu livro mais famoso, *Tornar-se negro: Ou As vicissitudes da identidade do negro brasileiro em ascensão social* (Zahar, 2021). Apesar de ter mudado de ideia sobre muitas questões e introduzido novos ele-

---

[*] Celso Antunes, "Dizer, falar, conversar...". LinkedIn, 2 dez. 2016. Disponível em: <pt.linkedin.com/pulse/dizer-falar-conversar-celso-antunes>.

mentos à sua percepção de mundo, ela nunca mais voltou ao assunto em sua obra, porque dava como finda aquela etapa da vida e queria produzir outros textos. Esse não será o caso aqui. Continuaremos a conversa.

O nosso tempo hoje é corrido. A gente anda muitas vezes com o queixo colado no peito, olhando para o celular, sem enxergar os lugares e as pessoas ao redor. Achamos que um emoji vai dar conta da complexidade de uma conversa. Supomos que uns poucos caracteres no X (antigo Twitter) serão capazes de elucidar todas as facetas de alguma situação. Esse é o nosso tempo. Este livro talvez não consiga mudar comportamentos. Mas talvez possa servir como um alerta pra gente respirar um pouquinho mais antes de emitir cada palavra. Palavra bem usada muda o mundo. Será? Ou o que muda é a palavra apenas dita em tom natural e a gritada? Mas cada uma na hora certa?

Uma breve pausa para uma informação retirada de *Marcados: Racismo, antirracismo e vocês* (Galera, 2021), de Jason Reynolds e Ibram X. Kendi — olha aí mais uma indicação de livro... "Escravo" vem de "eslavo", que eram os povos do Leste Europeu dos quais descendem poloneses, russos, tchecos e vários outros de pele branca que foram escravizados em massa na Alta Idade Média. Em 1444, o infante (filho não primogênito do rei) dom Henrique de Portugal percebeu o valor do povo africano nos mercados de escravos do Oeste Europeu. Pelo seu raciocínio, era mais rentável escravizar os africanos, pois, por causa da cor da pele, seria mais difícil fugirem e se misturarem à população. Então, com a finalidade de ganhar dinheiro, ele passou a financiar expedições até a África para escravizar de forma violenta e brutal sua população — mas obviamente sem admitir isso. Então ele enviou um cronista da realeza chamado Gomes Zurara para escrever sua história. E foi aí que surgiram palavras fatais para a desumanização do povo afrodescendente, foi assim que nasceu o racismo. Zurara justificou o comércio de escravizados proclamando que dom Henrique fazia aquilo para salvar almas, que as pessoas africanas eram inferiores, que pareciam bestas. O livro de Zurara foi o primeiro grande texto escrito por um europeu na África e não só virou um best-seller como conseguiu naturalizar as hierarquias raciais, impedindo que o processo de escravização fosse visto como o sistema brutal que é, um sistema alicerçado no roubo, no assassinato, no estupro. Agora me diga se essa desumanização não permanece até hoje? Olha aí o poder das palavras.

E isso se repetiu ao longo da história, em situações, por exemplo, como a da bula papal que concedeu a Afonso V o direito de reduzir à escravidão perpétua os habitantes dos territórios africanos a sul do Cabo Bojador.* E o que dizer dos conceitos de eugenia, que se desdobraram num movimento que defendia práticas segregacionistas para excluir grupos "indesejados"? E do darwinismo social, uma interpretação distorcida do que Charles Darwin disse sobre a evolução, também usado por muita gente para justificar incontáveis violências? A lista é longa, e eu te convido a conhecer mais. Aliás, te convido a visitar lugares

---

* "1452-55: Quando Portugal e a Igreja Católica se uniram para reduzir [praticamente] todos os africanos à escravatura perpétua". Portal Geledés, 3 ago. 2009. Disponível em: <www.geledes.org.br/1452-55-quando-portugal-e-igreja-catolica-se-uniram-para-reduzir-praticamente-todos-os-africanos-escravatura-perpetua/>.

como o Instituto de Pesquisa e Memória Pretos Novos; a Casa Escrevivência, de Conceição Evaristo; o Muhcab, Museu da História e da Cultura Afro-Brasileira, todos esses no Rio de Janeiro. Ou o Museu Afro Brasil, em São Paulo, e o Museu da Abolição, em Recife. Você pode também começar lendo *Sete histórias de negro* (Edufba, 2006), do historiador baiano Ubiratan Castro de Araújo.

Tá bom... Mais alguma coisa, Lazinho?

Sim. Tentarei te provocar a descobrir suas armas, suas forças e desafios na tarefa às vezes inglória de criar conexões por meio de uma simples conversa. E tendo a arte como suporte. Este livro é de uma pessoa cozida no caldo da arte, não se esqueça. Então os assuntos vão se misturar, falarei do trabalho criativo e teremos também pensamentos soltos.

2018. Estávamos em casa, era manhã. Nossa tia correu até o quintal e nos chamou. No quarto da nossa filha, ainda bebê, pelo alto-falante da câmera de segurança instalada, uma voz vociferava.

O áudio que vinha da câmera variava entre gritos amedrontadores e um falso árabe, até que uma voz de homem disse: "Vocês estão falando demais... Sabemos os seus horários e conseguimos ver tudo na sua casa". "Vocês estão falando demais", ele repetia.

Isso não é ficção, aconteceu conosco, com nossa família. A invasão do nosso lar, no quarto de nossa filha, foi muito grave. Então eles estão vendo a gente, vendo a nossa bebê? Há quanto tempo? Até hoje tenho sensações físicas ao lembrar de tamanho absurdo.

Depois disso, além do medo e de um maior cuidado com nossos horários, veio também o sentimento de que algo tinha passado dos limites no país. Por que estamos falando demais? Que assuntos tão incômodos são esses? Nessas horas a lembrança da minha mãe sempre retorna. Queria poder contar pra ela o que se passou e dizer: "Eu falei, mãe, e olha o que aconteceu". O que ela teria me respondido? Não para o Lázaro criança, mas para quem eu sou hoje. Essa conversa fez falta.

Mudamos um pouco nossa fala, mas não silenciamos.

Lembro até hoje de uma noite de insônia em que minha cabeça girava num looping caótico de pensamentos: como silenciar quando o mundo insiste em ser bárbaro? O mundo sempre esteve em guerra. Holocausto, negros escravizados, chacinas, instituições que têm como fundamento o não diálogo, a polícia que mais mata e que mais morre sendo comumente vista, tratada e estimulada a agir como cães de caça, monstros ou heróis em vez de trabalhadores, com tudo o que essa palavra quer dizer. Claudia Silva Ferreira arrastada por uma viatura da polícia, doze jovens assassinados no bairro do Cabula, cinco outros metralhados num carro em Costa Barros; os anos passam e as mortes não param, incluindo as de Kathlen Romeu e seu bebê, ainda na barriga, no Complexo do Lins.

Quando vamos olhar para a nossa história e sentir vergonha real da escravidão?

Quando vamos parar de tratar a Lei do Ventre Livre como uma conquista, em vez de mais uma violência, em que crianças eram abandonadas ao léu e que nos legou consequências nefastas?*

---

* "O que parecia uma libertação, dava mais tempo para que a mão de obra infantil fosse explorada. [...] A Lei do Ventre Livre não teve o resultado prático que seria o mais óbvio: a liberdade dos bebês. Quem

Quando vamos passar a chamar as fazendas que escravizavam pessoas de campos de trabalho forçado? Isso marca a nossa história até hoje.

Seria a paz um acidente? Ou uma utopia? Tiros, facadas, violência doméstica, violência pública, estímulo público à violência. Corruptos defendendo corruptos em horário nobre. Só vale o que eu quero! Eu. Eu. Eu. Essa gente tá querendo demais. E o vício em se adaptar ao modelo de poder? Não eduquem eles, pra que não fiquem espertos. Senão, vão querer mais. É melhor não dar carne pra eles, porque quem experimenta filé não vai mais querer só arroz com farinha. E o que importa é a minha verdade. Que a ciência seja negada, que mortes sejam relativizadas, afinal tudo é uma grande piada. Eleja pelo ódio! Pode vir o anticristo. Sim, anticristo, pois a normalização do ódio é a concretização do oposto do que o maior símbolo cristão pregava. Ou não era para o amor ser o princípio? E a barbárie grita e nos sentimos sequestrados, imóveis e seguimos brigando entre nós.

De repente a cabeça para e se ordena, concluindo que uma palavra só não define ninguém. Temos sentimentos, desejos, erros, acertos. E precisamos ter coragem para encarar questões fundamentais.

Sim, somos racistas! Saibamos e lutemos para não ser.

Sim, somos classistas! A gente curte ser vip. Aqui, até pouco tempo atrás, quem estudava mais, ou seja, quem teve

---

nasceu em 1871 só se tornaria efetivamente livre em 1892, aos 21 anos de idade." Jamile Santana, "Lei do Ventre Livre não foi motivada por direitos humanos". *Terra*, 28 set. 2022. Disponível em: <www.terra. com.br/nos/lei-do-ventre-livre-nao-foi-motivada-por-direitos-humanos,97a85862b1743ededf5079346b0f6b72d2rlbun1.html>.

mais chances, ia para cela especial porque gostamos de celebrar e privilegiar o especial. Cela ruim é pra preto e pobre, e bota eles lá, e tira eles da nossa frente! E o sentido de governante aqui nem sempre é o de servidor público, que é o que eles são. Servidores públicos, no mais belo sentido do termo. Ser servidor público é belo, é aquele que pensa no bem comum e não no seu próprio bem. Admitamos, somos classistas. Lutemos pra não ser.

Somos corruptos nos atos diários. Precisamos lutar pra não permitir a corrupção no nosso dia a dia.

E, sim, somos violentos. A violência física e psicológica está no nosso cotidiano, na relação com as nossas mulheres, filhos, vizinhos e aqueles que chamamos de "outro" só por não ser parecido conosco. Um outro com quem não queremos nos relacionar. Admitamos.

Lutemos por mais afeto. Falar em afeto precisa ser um mantra. É um conceito subjetivo, mas é um mantra importante — e é uma escolha. Então, optemos pelo afeto, mas que sejamos firmes quando necessário. E, atenção, não confundamos firmeza com violência. São coisas diferentes.

Quanto trabalho. Por que a gente vai pensar sobre tantas coisas que nos estruturaram até aqui?

Porque a crise não é só econômica e política, a crise é civilizatória. Essas são as doenças da crise civilizatória: preconceito, intolerância, hipermedicação pra viver anestesiado.

E "ser civilizado" aqui não é sob a ótica do colonizador, que afirmava que o "colonizado" não tinha os modos, os costumes, a religião correta e a humanidade necessária, para assim oprimir e justificar as violências cometidas. A civilização que evoco aqui é mais ambiciosa, é aquela que se emociona, se solidariza, compreende, compartilha, a que permite que seus filhos e filhas se alimentem não só de comida, mas da convivência com o outro, a que celebra e reconhece a importância da singularidade, a que respeita, a que é justa, a que educa ou ilumina, a que tem mais motivos pra sorrir do que pra chorar, a que acredita nos fatos e, assim, se torna a que verdadeiramente ama.

E nessa crise civilizatória temos a apatia como elemento. Uma apatia alimentada pelo sucateamento da educação, pelo apagamento das heranças culturais saudáveis e pelo avivamento do consumismo como fonte única de alegria. Uma parte da sociedade se habitua com absurdos cotidianos e se anestesia. Ou simplesmente vive a impossibilidade de participar porque, mesmo querendo contribuir ativamente, não tem poder aquisitivo pra conseguir pensar em outros temas que não a sobrevivência, sua e dos seus, pois as urgências da vida estão chamando.

Será que a nossa sina é a barbárie sempre vencer? É isso aí? Temos de nos acostumar que o mundo sempre estará em guerra? Difícil, né? Precisamos ter beleza no dia a dia. A beleza pode salvar o mundo. Pera aí, a beleza vai salvar o mundo? O que é belo? Mais perguntas surgem e eu aqui precisando acreditar que a beleza vai salvar o mundo. Mas é preciso acreditar em algo pra não ceder à barbárie. E lá vem Cartola como alento e a "Refazenda" de Gilberto Gil como carinho. A beleza alimenta, mas algo mais concreto é um passo importantíssimo a ser dado. É aquilo que minha avó Edith, em sua sabedoria popular, com simplicidade e sem os salamaleques deste texto que escrevi, diria: "O primeiro passo é vergonha na cara!".

E aí? É possível papear sobre isso? Ou só camuflamos essas questões e seguimos sem mexer no que já está estabelecido? Te faço um convite, vamos tentar. Conversemos. Conversemos em casa, ocupemos as praças e conversemos nas escolas, conversemos nos bares, nas filas, eventos, cinemas, teatros, ocupemos os espaços e conversemos. Vamos recuperar o que perdemos pelo caminho. Se não der pra tanto, podemos pelo menos corrigir a rota.

Pronto, respire fundo e sigamos nossa conversa.

É preciso imagem para recuperar a identidade. Tem que tornar-se visível, porque o rosto de um é o reflexo do outro, o corpo de um é o reflexo do outro e em cada um o reflexo de todos os corpos. A invisibilidade está na raiz da perda da identidade.[*]

Maria Beatriz Nascimento,
historiadora, ativista e poeta

[*] Apud Ceiça Ferreira, "Ori: À procura de uma imagem". Portal Geledés, 12 set. 2012. Disponível em: <www.geledes.org.br/ori-a-procura-de-uma-imagem/>.

Diálogos

Como me intitulo "artista" (ou "arrrtista", com muitos "r", cheio de nariz em pé e um cadinho de arrogância... Brincadeira! Ou talvez seja só orgulho mesmo desse ofício? Veremos...), tenho a sorte de ter a arte me inspirando todos os dias. Por isso pensei que podia brincar com você usando os códigos da minha profissão para provocar reflexões.

No palco, somos conduzidos por este ser impreciso, apaixonante ou odioso que pode ser um personagem. São máscaras que nós atores usamos para seduzir, para receber atenção pelo tempo de duração do espetáculo. O ideal é não levar o personagem para casa e podermos ser quem verdadeiramente somos.

Nesse jogo de imaginação, tentei ver se, no nosso espetáculo cotidiano, não somos personagens novos ou com funções dramáticas novas. É nesse momento que adoraria que este livro fosse de um antropólogo. Mas como somos livres na imaginação, me acomodo.

Vamos pensar um pouco nos personagens que assumimos em simples bate-papos. Descobri, através de uma pesquisa hiperelaborada pelo sistema mundialmente famoso chamado "O que andei vendo por aí", que podemos exercer vários papéis e usar várias máscaras. Assim, pensei em descrever as funções dos personagens atuais que assumimos a partir das referências dos personagens da commedia dell'arte. Desisti. Depois pensei que poderia trazer os orixás para esta conversa e, a partir daí, ir brincando de identificar com cada um deles os nossos fluxos emocionais ou como recebemos uma informação, provocamos ou discordamos de alguém durante uma conversa. Fracassei.

Finalmente resolvi assumir um papel que não me cabe, que é o de linguista — é isso mesmo, gosto de tirar sarro quando me meto em algo em que não sou especialista, apenas observador. Diferente de quem espalha opiniões por aí como se fosse especialista em determinado assunto, sou apenas seu companheiro de viagem, papeando contigo. Então... nesse papel de linguista fake criei meus próprios arquétipos. São as máscaras da conversa. Esse jogo criativo é para a gente se dar conta de como podemos ser permissivos, cruéis, manipuladores ou omissos durante um diálogo. E, ainda por cima, como podemos não escutar nada.

Lembro do rosto da minha mãe quando escutava alguém. Não aparecia claramente o que ela estava sentindo. Às vezes era só um rosto de prontidão, às vezes oferecia um sorriso, como se estivesse ali para o outro e não para si. Onde é que eu estava mesmo? Ah, sim, nas máscaras.

A primeira máscara chamarei de O Que Espera. Atenção, porque essa espera não significa necessariamente que a pessoa está respeitando ou concordando com o que está sendo dito. O Que Espera muitas vezes está só pensando num argumento para convencer o outro do seu ponto de vista e assim silenciá-lo.

A segunda é O Que Reclama. É quem, de tudo o que escuta, escolhe um ponto negativo para se queixar e não oferece nenhuma solução alternativa. Seu grande prazer é diagnosticar problemas e vomitar insatisfações.

Temos O Piadista, que é quem usa o humor não para deixar o papo mais descontraído, mas para descredibilizar o que está sendo dito com uma piada ou uma ironia.

Depois vem O Comprometido, que tem causas muito justas, nobres e corretas, mas que, por estar tão comprometido com essas causas, só consegue falar, falar, falar. Não escuta e não admite posicionamento diferente do seu.

Já O Tensionador é aquele que quer ver o circo pegar fogo. Sua intenção é amedrontar o ouvinte, deixá-lo tenso para que assim ele não tenha coragem de discordar de nada. O Tensionador pode ser muito violento e assim causar dores que, para ele, valem a pena se o seu ponto de vista for soberano.

O Permissivo é aquele que nem pensa em ter uma opinião. Conversar ou se envolver com os problemas do mundo, tudo isso é um fardo para ele. Acha melhor só escutar fazendo cara de quem tá entendendo tudo, para logo depois esquecer o que ouviu — afinal, outras pessoas ou o próprio tempo vão acabar encaminhando ou resolvendo aquelas questões.

Sei que talvez você tenha identificado outras máscaras, mas por hora me diz se *você* se identificou com alguma dessas? Vai dizer que não?

Tentei criar argumentos para mostrar como qualquer pessoa pode ser um desses personagens, mas percebi que cada um de nós, numa só conversa, pode pular de um para o outro. Mas o que nos motiva a adotar essas máscaras?

A psicologia e a filosofia já se debruçaram bastante sobre esse tema, eu sei. Por exemplo, no livro *Pele negra, máscaras brancas* (Ubu, 2020), de Frantz Fanon, você vai encontrar várias informações sobre o uso de máscaras que o racismo nos impõe. Mas como nas artes sou moldado, convoco aqui a memória da experiência de assistir a um espetáculo de teatro. Para mim funciona assim: os espetáculos de que verdadeiramente gosto fazem com que aquele tempo de escuta seja transformador. É olhando aquelas máscaras dos atores e escutando suas vivências que aprimoro minha experiência no mundo pela real atenção, pela verdadeira escuta. E a partir daí me embalo pelo que foi dito e produzo uma nova fala.

Todas essas máscaras com as quais estamos brincando podem ter um lado positivo. Talvez elas sejam um alívio para nossas angústias. Mas acredito que o que faz um diálogo rico e produtivo tem muito a ver com a real escuta. Quando escutamos o outro de verdade, conseguimos perceber suas intenções, entendemos o que espelhamos de nós nele, o que nos estimula ou incomoda, de onde parte aquela fala. Com tudo isso em mente, podemos decidir qual estratégia adotar em nossa próxima fala.

A fala, a conversa e a escuta.

Quando repelimos ou reclamamos do que alguém fez ou falou, temos que ter consciência de que essa é uma reação ao que foi sentido. E, para expressar esse sentimento da melhor forma possível, buscar o valor das palavras é um resgate necessário.

Agora pense comigo. Se a palavra nos constitui como seres atuantes no mundo, imagine uma pessoa que foi silenciada por muito tempo, às vezes uma vida inteira. Ela irá produzir qual personagem, qual máscara usará? Agora imagine um grupo inteiro de pessoas que foi sistematicamente silenciado. Só como exemplo, até 1985 a Constituição proibia o direito ao voto para os analfabetos. O jornalista Tiago Rogero, em um episódio que aborda esse tema no podcast *Projeto Querino*, questiona: "Numa sociedade que por mais de três séculos dificultou e por vezes chegou até a barrar o acesso de pessoas negras ao ensino, quem que você acha que tava sendo alijado, de novo, dos seus direitos políticos?".* E apenas em 2003 a história afro-brasileira foi incluída no currículo das instituições de ensino.**

Comumente vejo ativistas que precisaram encarnar um personagem nas redes sociais produzindo falas que os fizeram adoecer, simplesmente porque essa foi a única maneira de serem escutados. Sem citar nome, por motivos

---

* *Projeto Querino*, episódio 8. Disponível em: <projetoquerino.com. br/podcast-item/democracia/>.

** A lei nº 10 639, de janeiro de 2003, é considerada um marco na educação brasileira ao tornar o ensino de história e cultura afro--brasileiras obrigatório em sala de aula, além de ter incluído o Dia da Consciência Negra no calendário escolar.

óbvios, acompanhei uma ativista que vivia brigando por justiça e estava sempre angustiada. No fim de sua vida, se deu conta do quanto sua família, sua vida financeira e sua saúde mental tinham sido afetadas. Ela precisou abrir mão de sua essência natural para ser escutada, e até hoje me pergunto se isso realmente aconteceu.

A escuta real provoca ações, atitudes. A escuta não é passiva. Ela mobiliza. Ela pode nos trazer muita sabedoria e acordar sentimentos que nem sabíamos existir em nós. Dos mais gentis, como solidariedade, aos mais incômodos, como revolta. Porque as falas produzidas após a escuta não serão necessariamente conciliadoras, complacentes ou educadas. Faz parte da dinâmica. E é preciso coragem e caráter para lidar com essas reações. Ainda assim, mesmo uma reação de repulsa, resistência ou contestação, se estiver ancorada pelo diálogo, provavelmente não será destrutiva nem inócua — ela provavelmente avançará, mesmo que seja muito pouco, no campo do entendimento mútuo. Já as experiências em que não existe o diálogo, é certo que produzirão anomalias, violências. Quantos exemplos de problemas que vivemos hoje não começaram justamente pela falta de diálogo?

Mas cabe uma pergunta: como isso será possível se, no geral, quem tem menos poder é quem cede nos diálogos?

O silêncio sobre o papel relegado às mulheres na sociedade. O silêncio sobre o lugar de provedor ou de super-humano ocupado pelos homens versus as tão escondidas fragilidades masculinas... Quantos pesos não estamos carregando porque não paramos um pouco para conversar sobre a nossa existência e sobre os nossos projetos coletivos?

O diálogo muitas vezes aparece na nossa rotina só para conter um dano e não para proporcionar desenvolvimento. Hoje podemos dizer que temos acesso a várias plataformas, aparelhos e sistemas que proporcionam mais interação. Temos as redes sociais, onde mostramos nossa rotina. Temos seguidores. Podemos falar com robôs superinteligentes que, em tese, solucionarão nossos problemas. Porém, curiosamente, criamos outra anomalia: em vez de interagirmos mais, nos enjaulamos.

Viver enjaulado, aliás, é uma prática de todos nós, inclusive de quem está no poder, dos governantes. Eu me pergunto até hoje como alguém que se torna um representante legal do povo pode deixar de circular pelas cidades, não entrar em transporte público, não entrar em hospitais, não visitar centros religiosos — não para ganhar seguidores ou caçar votos, mas para se relacionar e conhecer essas realidades.

Estas são viagens que precisamos fazer: a viagem pelo autoconhecimento e pelo conhecimento de várias outras existências, a viagem pelo coletivo. Isso fará com que você compreenda que faz parte do todo. Você terá, sim, desejos próprios, sonhos únicos, mas como integrante de um sistema em que, inevitavelmente, precisamos interagir e nos relacionar.

Ou seja, devemos pensar no autocuidado e no cuidado com o coletivo, porque o mais bonito de tudo isso é que talvez até descubramos que somos complementares.

No inquietante livro *A gente é da hora: Homens negros e masculinidade* (Elefante, 2022), da incrível bell hooks, a autora, professora e ativista dá um exemplo de como o diálogo real move. Ela conta:

Recobrei meu amor pela masculinidade negra após uma infância na qual o homem negro de quem eu mais desejava receber amor me considerava desprezível. Felizmente, Daddy Gus, pai da minha mãe, ofereceu-me o amor pelo qual meu coração ansiava. Calmo, terno, gentil, criativo, um homem de silêncio e paz, ele me ofereceu uma visão de masculinidade negra que ia contra a norma patriarcal. Foi o primeiro homem negro radical na minha vida. Ele assentou a fundação. Sempre me envolvendo nos diálogos, sempre apoiando meu anseio por conhecimento e sempre me encorajando a falar o que penso, eu honro o nosso pacto e as lições da parceria negra masculina e feminina baseada na mutualidade que ele me ensinou ao continuar dialogando com homens negros, ao continuar fazendo o trabalho do amor verdadeiro.

Chegamos ao fim deste capítulo e você pode estar dizendo: *Arrasou, Lazinho!* Ou talvez: *Lazinho, a sensação é a de que você tentou racionalizar algo que não tem apenas esta origem. Nosso fígado e nosso coração também pulsam quando a questão é dialogar.* Ou ainda: *Como falar em diálogo num país tão desigual e violento em que a maior parte das pessoas não tem nem direito a alimento?* Sabe o que eu acho? Que as três falas estão certas. Tem coisas que falo aqui que não serão absorvidas por todos. Mas a minha função é estimular. Estimular o exercício diário de desacostumar a vista e os ouvidos. E quem sabe assim encontraremos outros caminhos e respostas para esse imenso desafio.

Esteja sempre em movimento.

Oxigenar as conversas empodera.

DUAFE
Representa o pente de madeira usado pelas mulheres acã para prender o cabelo. Símbolo de beleza, bondade, amor e cuidado.

Beleza:
"Caráter do ser ou da coisa que desperta sentimento de êxtase, admiração ou prazer através de sensações visuais, gustativas, auditivas, olfativas etc."

Violência versus amor

Dia desses eu estava rindo, lembrando da vez que Dindinha me fez comer uma vara de sal inteira com manteiga só porque eu disse na casa "dos ôto" que tava com fome. Pior é que por um tempo, sempre que ia na casa de Cacá, um dos meus amigos do Garcia, eu ficava de olho-grande no amendoim cozido que Seu Zé Mario, o pai dele, fazia (e que eu adorava), mas passei a negar quando ele oferecia. Até hoje eu peço pra ele fazer quando chego a Salvador. Você também era proibido de aceitar merenda na casa de algum vizinho ou "dos ôto" pra não ser considerado "mórtafome" ou "maléducado"? Como era a sua liberdade nesses ambientes? Se sentia enjaulado ou respirava livremente? Tô escrevendo e rindo ao mesmo tempo, pela lembrança e porque não sei se quem não é baiano vai entender os termos que usei neste parágrafo.

Nas próximas páginas vou falar sobre duas palavras que apareceram no nosso papo anterior: violência e amor. É o caminho natural pro rumo dessa prosa. São opostos, complexos e com certeza não suscitam questões fáceis.

Difícil encará-los, mas precisaremos seguir tentando achar mais esse fio no nosso novelo.

O sociólogo, jornalista e professor Muniz Sodré, logo no primeiro capítulo do seu livro *Pensar nagô* (Vozes, 2017), diz que precisamos reeducar a nossa compreensão diante da afirmação de que a filosofia nasceu na Grécia. Ele destaca que a filosofia *grega* nasceu na Grécia, mas que é preciso pensar também nas outras filosofias com respeito e atenção. Ele nos convoca a pensar na filosofia africana, que contém muitos saberes ainda ignorados.

Na busca por esses saberes africanos e diaspóricos, encontrei na já citada autora bell hooks um pensamento que fez com que eu questionasse, mais uma vez, o sentido deste livro. No texto "Vivendo de amor", ela fala sobre a prática de reprimir os sentimentos como estratégia de sobrevivência. Seria essa a filosofia que estou pregando? Diz ela:

> A prática de se reprimir os sentimentos como estratégia de sobrevivência continuou a ser um aspecto da vida dos negros mesmo depois da escravidão. Como o racismo e a supremacia dos brancos não foram eliminados com a abolição da escravatura, os negros tiveram que manter certas barreiras emocionais. E, de uma maneira geral, muitos passaram a acreditar que a capacidade de conter emoções era uma característica positiva. No decorrer dos anos, a habilidade de esconder e mascarar os sentimentos passou a ser considerada como sinal de uma personalidade forte. Mostrar os sentimentos era uma bobagem.[*]

---

[*] bell hooks, "Vivendo de amor". In: Jurema Werneck, Maisa Mendonça e Evelyn C. White (Orgs.), *O livro da saúde das mulheres negras: Nossos passos vêm de longe*. Rio de Janeiro: Pallas, 2000.

Na sequência, bell hooks fala sobre como as crianças eram ensinadas, ainda pequenas, a reprimir suas emoções. Elas aprendiam a não chorar quando eram espancadas de um jeito horrível: sempre que expressavam seus sentimentos recebiam punição ainda maior. Lembra da clássica "Para de chorar agora, senão vou te dar motivo pra chorar de verdade"? hooks nos questiona: se tantas crianças negras aprenderam desde cedo que expressar as emoções é sinal de fraqueza, como poderão estar abertas para o amor? A ideia de que, se nos deixarmos levar pelas emoções, estaremos comprometendo nossa sobrevivência tem passado de geração em geração. "Eles acreditam que o amor diminui nossa capacidade de desenvolver uma personalidade sólida", completa a autora.

Olha só o nosso dilema.

Mas o amor não diminui nossa capacidade de desenvolver uma personalidade sólida. Aprendo isso todos os dias com meus filhos, minha companheira e amigos. Sou mais forte a cada vez que demonstro meu amor e recebo o amor deles. Talvez esse seja o maior aprendizado da vida.

Sabe quando sinto o amor também? Em lembranças de sensações físicas e que não são beijos nem abraços. Você sabe do que eu tô falando, não sabe, dona Célia? A gente sempre comparava nossas mãos e aí eu dava umas mordiscadas na dobra dos seus dedos. Você ria. Ali estava a mão mais linda do mundo e o sorriso mais verdadeiro. Ainda me pego mordendo as dobras dos dedos e isso me traz uma sensação de segurança. O amor fortalece. Tem gente que nem se sabe nesse direito: o de amar e ser amado. Ou nem sabe que merece ocupar os espaços.

Voltando à infância. Lá na casa de Dindinha não era raro que crianças pulando no sofá, brincando livremente, recebessem um alerta, um pedido para que ficassem quietas, sem chamar a atenção, sem falar alto nem explorar mais do que o espaço que a elas havia sido reservado. Ou que fossem coibidas, em situações de convivência social, quando brigavam por um determinado direito — se alguém furava uma fila ou algo parecido. Até mesmo aceitar comida, se estivéssemos visitando a casa de alguém, não podia, pra não parecer que faltava comida em nossa própria casa. E nós respeitávamos, não tinha conversa.

Por outro lado, nas relações pessoais existia uma linha em que o diálogo acontecia de forma natural. O respeito aos mais velhos, a compreensão de que neles havia sabedoria, era um exemplo lindo de fortalecimento das nossas convivências. Existia uma autoridade natural e nós, mais novos, mesmo quando discordávamos deles, oferecíamos a nossa escuta. Podíamos até agir do modo que fazia mais sentido para nós, mas o fazíamos tendo a referência de nossos mais velhos.

Outro aspecto belo que noto é o exemplo que recebi de uma família de múltipla religiosidade. Em nossos encontros, parentes sem religião se juntavam a católicos, a adeptos de religião de matriz africana e a evangélicos. Mesmo cada um tendo optado por uma religião, isso não criava conflitos nem desrespeito à fé do outro. Assim foi minha infância. No dia a dia, podíamos não ter acesso a brinquedos tecnológicos, mas tínhamos a atenção voltada para as histórias que contávamos. Havia as festas na casa da minha avó, para onde todos iam, e o único espaço para dormir era a sala. Passávamos a madrugada amontoados ali, às gargalhadas, ouvindo histórias. Essas memórias se mantêm vivas como um ponto de conexão entre nós até os dias de hoje cada vez que nos reencontramos.

Criávamos uma memória em comum, um elo, e a possibilidade de nos conhecer mais olhando uns para os outros. É claro que no meio disso tudo também tinha muita fofoca, disse me disse, leva e traz e tretas mil. Mas nada que destruísse a nossa convivência. Os pontos positivos de se relacionar dessa forma são tão evidentes para mim, que não só fico feliz de ter desfrutado essa experiência como escolhi me relacionar assim fora do seio familiar também. Ali tinha muito amor. Amor em meio a silêncios e barreiras, com algumas dores camufladas, mas foi nosso amor possível.

Percebo que já não dá mais para tapar o sol com a peneira. Vivemos o momento histórico de revisar as nossas feridas. Mulheres, negros, comunidade LGBT+, membros de religião de matriz africana e tantos outros que até então estavam alijados dos centros de decisão começaram a ocupar seus espaços, insatisfeitos com o vivido até então e, sem se acanhar, bradam ao mundo seus desejos e a importância de suas existências. Pessoas até então silenciadas exigem ser ouvidas. Em contrapartida, outra parcela da sociedade começa a reagir, desejando a volta daquele silenciamento confortável, a volta daquela suposta democracia racial que já conhecemos tão bem, em que a ascensão social é praticamente impossível, mas a máquina continuaria a girar. Essas pessoas, que se consideram herdeiras "naturais" deste país, passaram a criar conflitos. Essa reação veio e se expressou muitas vezes de forma violenta. Nas redes sociais, nas ruas, invadindo espaços para agredir e matar ou em planos silenciosos.

Será que já não estamos prontos para olhar o que colocamos embaixo do tapete? Mas como eliminar injustiças convocando parcerias e transformando mentalidades?

Você percebeu que eu falei dessa família — que em alguns momentos parecia permissiva e em outros criava códigos que possibilitavam a conversa — no passado? As conversas dos parentes de múltiplas religiosidades não têm mais acontecido.

Qual é a alternativa a não ser o grito? Após a vivência de um enorme silenciamento, o vômito se torna necessário ou a única possibilidade. Bradar para o mundo insatisfações e dores faz com que recebamos a atenção pedida. Só assim conquistamos os olhos e os ouvidos de algumas pessoas. E a inimizade e o ódio de outras.

Pronto, está montada a cena. O palco está ocupado pelos nossos dois protagonistas: a violência e o amor. Parece que é mais fácil permitir que a violência saia na frente e vença as discussões. A violência é instrumento de poder. Dentro de lares, no Congresso, nas milícias, nas periferias e nos centros urbanos, no mundo rural e à luz do dia em qualquer capital. Muitos acreditam que a "ordem" só virá por meio dela. Ela nem sempre mata, mas delimita espaços, impõe limites mesmo sem um argumento lógico. Aliás, lógica e argumentação não estão muito em voga. Há outro caminho? Devemos oferecer amor? Falar sobre amor e correr o risco de nos fragilizarmos diante dos desafios que nos são impostos todos os dias? Como manter a firmeza no amor para semeá-lo?

Não, essa conta não fecha.

O que eu consigo identificar é que às vezes é possível escolher ou criar alternativas. Muitas coisas são feitas a partir de novos formatos. Lembro de um momento muito especial em minha vida, quando, percebendo que eu deveria aprender sobre algumas coisas, meu amigo Zebrinha criou uma estratégia. *E lá vai Lazinho com mais um causo.*

Eu tinha dezesseis anos, estava dando meus primeiros passos no teatro e sempre era convidado para passar os finais de semana na casa de Zebrinha, figura fundamental na minha formação artística e humana, da qual tanto falei no primeiro livro. Naqueles dias no sítio, que ficava afastado uma hora de Salvador, Zebrinha reunia atores, cantores, dançarinos, vizinhos e quem mais quisesse se achegar para deliciosos almoços. Havia muita gargalhada e histórias. O lugar era de uma beleza natural única, cheio de animais e repleto de vivacidade. Eu, ainda um adolescente, aproveitava bastante o espaço e nem sempre estava próximo dos papos dos adultos.

Certo dia, Zebrinha decretou que eu tinha que ajudar a lavar os pratos. Apesar do incômodo de perder algum tempo da farra, não reclamei. A pia ficava dentro da casa, em frente a uma grande janela que dava para a mesa que ficava na parte externa. Só compreendi muitos anos depois a estratégia de Zebra. Lavar os pratos, além de ser uma convocação para que eu auxiliasse nos afazeres de uma casa, foi a maneira que ele encontrou de me fazer escutar o que se falava naquela mesa. Eu lavava e escutava aquelas pessoas inspiradoras, conhecia suas histórias de tristeza e de luta, partilhava as celebrações de suas vitórias, ouvia sobre os momentos históricos da minha cidade e ia assim criando admiração por pessoas semelhantes e diferentes de mim. Essa foi a estratégia dele. Não me deu alternativa a não ser escutar e verdadeiramente conhecer outras pessoas.

Assim vão nascendo os nossos aprendizados. A cada pequena experiência vamos acumulando sensações, e isso entranha em nós sem que percebamos. Me fazer ter contato com os visitantes do sítio foi um gesto de amor. Mas nem sempre é assim.

Quais experiências estamos proporcionando aos outros?

Um cotidiano violento forma que tipo de jovem?

Casais que não se tocam afetuosamente produzem que tipo de filho?

Uma sociedade passiva que se habitua à desigualdade forma que tipo de nação?

Uma TV que mostra a exclusão e a desigualdade como norma produz que tipo de mentes?

Uma cultura habitacional em que periferias e centro estão apartados cria que tipo de referência?

Um sistema de segurança pública que se associa a grupos milicianos traz que tipo de segurança para as pessoas? Ou, ironicamente falando, que "tecnologia" de segurança virá daí?

Para uma pessoa negra, como o amor aparece? Quem quiser se aprofundar neste tema vale uma lida no *Na minha pele*.

Encontrei no professor Muniz Sodré mais um ponto de reflexão sobre o tema, num artigo que ele escreveu quando houve o terrível assassinato a pauladas do jovem congolês Moïse Kabagambe num quiosque da Barra da Tijuca, no Rio de Janeiro, em janeiro de 2022. Ele disse que esse assassinato não era um acontecimento singular, "mas sintoma de uma catástrofe cívica em curso. Abolidas as regras, liberadas as armas, semeou-se a violência como clima moral. O desvario miliciano é o mesmo em palácios ou quiosques: lincham-se instituições ou pessoas". E acrescenta: "Turbinadas, as redes sociais estimulam a sensorialidade do corpo coletivo: inflamadas, as emoções passam a dominar o jogo da democracia. [...] Aos poucos se vê que as sementes do estrago foram espalhadas por agentes coletivos e individuais. Os primeiros são as forças vegetativas do status quo, que não hesitam em pactuar com o atraso. Os segundos são pessoas movidas pelo gozo do ressentimento e do combate a falsos bodes expiatórios que chegam pelas telinhas dos celulares". E conclui: "A dor do mal que cada um possa sofrer por sua própria ação é menor do que o prazer de infligir mal ao outro".*

Sim, é bem fácil ir identificando onde nasce a violência. Mapeei várias situações numa reflexão de não mais que minutos. Não sei se o amor vai dar conta de tudo isso, porque ao buscar a fonte dele fiquei travado diante da comparação com o que produz a violência.

Claro que encontrei amor em gestos como:

O olhar carinhoso de um pai e de uma mãe que se importam com o dia dos seus filhos.

Em jovens que visitam, abraçam e dão atenção aos mais velhos.

Num beijo em praça pública.

Em quem se importa e leva auxílio pra quem passa fome ou frio.

Na ligação despretensiosa de alguém que, de surpresa, só quer saber: "Tá tudo bem?".

* Muniz Sodré, "Assassinato de Moïse é sintoma de catástrofe cívica em curso". *Folha de S.Paulo*, 5 fev. 2022.

Sim, ele anda por aí, mas se não bradarmos aos quatro ventos que precisamos de outra forma para lidarmos com o poder e a divisão dos espaços de convivência, continuaremos a escutar todos os dias histórias de assassinatos, tortura psicológica de crianças e entre casais, milicianos que usam a violência como mecanismo de correção e domínio de espaços. Homens ainda vão esmurrar suas companheiras. Governantes continuarão estimulando o ódio entre nós como mecanismo de manutenção de poder. Seres humanos continuarão a ser assassinados apenas pela cor da sua pele, orientação sexual ou gênero. Pessoas morrerão de fome. O trabalho extenuante ou a falta de lazer e conhecimento para todos vão ser sempre considerados a norma.

É cultural, nos habituamos à violência e, na maioria das vezes, nem nos envergonhamos. Estamos azeitados nisso. É assim que estamos girando e acostumados a viver. Nem cremos que dá pra mexer nessa história. O que fazer então?

Por ora é identificarmos com urgência onde nasce o amor e a violência em nós mesmos e em quem nos cerca, nos indignar e partir para o enfrentamento.

É uma jornada de longo prazo, portanto, urgente.

É a construção de uma nova cultura. A pandemia nos revelou muito. Revelou quem nós somos diante de nós mesmos, diante do outro, diante do nosso país e diante do meio ambiente. Ela, que no princípio parecia que ia nos transformar, na verdade nos revelou.

E o amor e a violência viraram pauta de todos os dias, às vezes disfarçados de outros nomes. O que fazer?

É preciso a violência do amor.

Não o amor romântico hollywoodiano. Mas o amor que luta, participa, o amor alerta, o que doa tempo, olha verdadeiramente, escolhe com consciência, não se habitua a imagens violentas, o amor que informa, o amor que estuda as referências de segurança pública e convoca a população a compreender esse panorama tão complexo. O amor que ocupa bairros não só com polícia armada, mas com cidadania, escola, lazer, cuidados mentais, saneamento. O amor que não permite que alguém sofra a tal ponto que só lhe reste como alternativa ser violento para existir.

Convocando bel hooks novamente, ela diz:

> O poder transformador do amor não é acolhido totalmente em nossa sociedade, porque com frequência acreditamos, de forma equivocada, que o tormento e a angústia são nossa condição "natural". Essa presunção parece ser reforçada pela tragédia constante que prevalece na sociedade moderna. Em um mundo angustiado pela destruição desenfreada, o medo prevalece. [...]
>
> Quando amamos, não permitimos mais que nosso coração seja aprisionado pelo medo. O desejo de ser poderoso se enraíza na intensidade do medo. O poder nos dá a ilusão de termos triunfado sobre o medo, sobre nossa necessidade de amor.[*]

Quanta coisa, Lazinho! Sim, é isso e muito mais... Complete a lista, você sabe como. Feita a sua lista, me diz: qual é o próximo passo?

---

[*] bell hooks, *Tudo sobre o amor: Novas perspectivas*. São Paulo: Elefante, 2021.

Poética do Acolhimento Estratégico Ativo

Como e onde você está durante esta leitura? Enquanto escrevo esta página estou sentado numa cadeira um pouco desconfortável, descalço, com o computador no colo, óculos de grau pra auxiliar a escrita e uma agonia ardendo no peito. No começo da viagem, prometi que o final seria luminoso, mas o caminho tá trazendo inquietação.

Talvez você tenha se juntado a mim nesta viagem por causa do capítulo sobre emancipação que está nas páginas seguintes. Querendo se inspirar para ser livre e pleno. Para ter uma fala e uma vida assertivas e livres de medos.

Já, já chegaremos lá. Antes eu preciso te falar do caminho que percorri até me aproximar desse desejo de autonomia. Falar sobre isso mostra que nada acontece como mágica. O autoconhecimento nos fortalece. Mudamos de ideia ao longo da caminhada.

O escritor Lima Barreto dizia que não temos um povo, temos espectadores. Ele falava dessa passividade de forma bastante provocativa, e tem um detalhe que eu gostaria de acrescentar à reflexão desse grande autor: os espectadores podem ser acordados e sair da passividade.

Essa ideia me veio numa noite de insônia, provocada por uma forte sensação de que talvez eu não tivesse tanto a contribuir. Será que meu trabalho estava sendo útil para as pessoas? Com essa dúvida na cabeça, comecei a buscar algo nas redes sociais que me distraísse. Fiz algo que até então eu fazia muito pouco: ler as mensagens enviadas no privado. Naquela noite de 2016, vi pessoas com vivências sofridas fazendo denúncias sobre as mazelas do país ou do seu cotidiano particular. Eram muitas as histórias. Todas buscavam na conversa comigo encontrar algum estímulo ou apenas dividir algo incômodo.

Papeei pela madrugada inteira e naquelas conversas insones foram criadas tantas conexões que, ao reler esses diálogos, percebi algo valoroso. Primeiro, fiquei muito tocado com a confiança que depositavam em mim e notei que uma mesma estratégia para acessar os temas se repetia nas conversas (já, já falarei delas). Comecei a pensar em como isso afetaria minhas criações. Ou será que já estava afetando?

Me senti estimulado a continuar a produzir arte na certeza de que temos uma arma transformadora. Comecei a colocar de forma consciente nas minhas criações uma linguagem que hoje chamo de Poética do Acolhimento Estratégico Ativo. Não sabia que ela se repetiria, mas após as primeiras experiências bem-sucedidas nas criações de livros e de espetáculos de teatro descobri que esse caminho me possibilitava falar de todos os assuntos que me motivam e mobilizam e ainda conquistar novos ouvintes. Funciona assim: de primeira busco assuntos ou comportamentos de conexão, depois mudo o rumo da prosa.

Essa foi a estratégia que encontrei para enfrentar os tempos de caos. Não falar não seria uma possibilidade. Através dos recursos oferecidos pelas expressões artísticas, foi providencial para mim encontrar essa linguagem para continuar tentando contribuir para sensibilização e transformação da sociedade.

Essa é a Poética do Acolhimento Estratégico Ativo, criada para que eu pudesse lidar com a nossa realidade e seguisse falando dos assuntos que me revoltam e me apaixonam. Ela é um estágio, não é uma verdade acabada. É um caminho e, com certeza, não o único.

Na tentativa de entender esse processo de criação, decidi, no primeiro longa-metragem que dirigi, *Medida provisória*, fazer um diário. Nele registrei momentos de tomada de decisões, lembranças do processo, intuições, formação de relações, desconfortos emocionais e muito mais. Ler esse relato que foi feito de forma sincera e sem filtro foi importante para perceber o que era eficiente, onde moravam os medos, mas acima de tudo para compreender como a forma com que eu elaborava os primeiros minutos de filme possibilitava que depois, já no meio da prosa, eu pudesse entrar na questão que realmente importava. O tema que precisava ser escutado, compreendido e ativado no espectador.

Depois de usar essa poética de forma consciente na peça *O topo da montanha*; nos livros *Na minha pele*, *O pulo do coelho*, *Você não é invisível*; e no filme *Um ano inesquecível — Outono*, fui buscar onde ela começou em mim.

Foi em 2014.

Esse foi um dos anos mais frutíferos da minha carreira, e foi também quando comecei a ficar incomodado com o tratamento recebido ou demandado por alguns colegas de profissão. Era como se nós, artistas, fizéssemos parte de uma aristocracia com direito a mais bens e privilégios. O jeito da imprensa nos retratar, as declarações que alguns artistas davam, o tom de superioridade subliminar das respostas, que eu inclusive adotei em alguns momentos, tudo isso se revelou inadequado para o que sonhei dessa profissão.

Percebi que parte da plateia ou dos fãs se sentia desconfortável ao se aproximar de nós. Era apenas um frisson sem troca. E às vezes as pessoas assistiam aos espetáculos em que eu atuava sem absorver o que queríamos dizer. Muitas vezes, após os espetáculos, eu sentia uma aproximação nervosa para tirar uma foto e, se eu puxasse um assunto mais sólido, aquilo se esvaía em meio à distância entre nós. O que para alguns era normal, corriqueiro, para mim foi se tornando cada vez mais incômodo. Naquela época, não havia meio-termo pra mim. Eu questionava tudo, o sistema em que vivia, as pessoas com quem me relacionava, o sentido das coisas. Depois de um tempo me apaziguei e consegui enxergar outros aspectos da minha profissão e dos meus colegas, mas o fato é que essa fase me trouxe uma pergunta insistente: faço arte pra quê?

Criar conexões apareceu na minha listinha.

Por vir do Bando de Teatro Olodum, um grupo que busca justamente visibilizar pessoas que não eram consideradas e não tinham suas opiniões validadas, achei que tinha de fazer algo para encurtar essa distância e propagar melhor minhas ideias e reflexões.

Decidi uma coisa: em todos os espetáculos que eu dirigisse, os atores receberiam a plateia antes da peça começar.

Às vezes com o figurino, às vezes com a roupa de casa, não importa. Numa das montagens do espetáculo infantil *A menina Edith e a velha sentada*, já trajando seus figurinos, os atores interagiam com as crianças e seus pais, às vezes os ajudando a encontrar seus assentos. Nesse encontro, faziam piadas e provocações, e percebi que muito rapidamente todos se sentiam confortáveis naquele ambiente, naquele lugar sagrado que é o teatro.

Em *O topo da montanha*, Taís e eu recebíamos o público sem o figurino. Abraçávamos as pessoas, escutávamos o que tinham a dizer, levando em conta que muitas iam assistir ao espetáculo com a expectativa de encontrar duas pessoas famosas. Procurávamos olhar o público nos olhos e criar uma atmosfera semelhante à de quando recebemos alguém em nossa casa. Afinal de contas, é disso que se trata. Enquanto estávamos em cartaz, aquele teatro se tornou a nossa casa e o público nosso mais querido convidado. Foi lindo ver, ano após ano, a emoção das pessoas ao nos encontrar e como a cerimônia do encontro com pessoas "importantes" se diluía e abria caminho para que se concentrassem no espetáculo em si, que tratava de temas desconfortáveis a partir da história de vida de Martin Luther King.

Instalamos um clima de acolhimento e proximidade ao encontrar com o público antes da peça começar, mas também estávamos dizendo, de alguma forma: "Aqui é um lugar seguro para vivermos essas dores, entenda que você faz parte dessa trajetória, você faz parte desse problema e pode fazer parte da solução". Ao longo do tempo, fui percebendo o quanto é valiosa essa preparação. E mais:

reafirmei que podemos e devemos fazer isso fora do espetáculo. Conectar.

Em *Na minha pele* acontece a mesma coisa, mas com outro artifício de aproximação: primeiro, trato de assuntos que são comuns a todas as pessoas, para que elas possam criar, a partir deles, associações com a sua própria vida: local de origem, histórias de família, momento de descoberta na adolescência, dúvida na escolha da profissão. E assim vai, até que numa determinada hora, mais exatamente no capítulo chamado "Conexão", o leitor recebe o aviso de que outros assuntos serão trazidos à baila, assuntos talvez incômodos, ideias das quais talvez o leitor discorde, mas que precisam ser debatidas. A essa altura, naturalmente já se sentindo parte da história, o leitor não abandona o livro. A leitura prossegue.

O acolhimento aconteceu também com os membros da equipe de *Medida provisória*. Cada integrante da equipe técnica e do elenco passou por um processo de seleção em que nos conhecíamos por meio de conversas despretensiosas. Antes de contar a história do filme, eu os provocava para que dessem suas opiniões sobre os temas que seriam abordados. Depois de recebido o roteiro, todo mundo era convocado a se sentir dono da história, o que de fato aconteceu.

Darei como exemplo mais um causo.

Sabe a dona Diva Guimarães, a professora e leitora voraz que conheci na Flip de 2017, que falou por quase treze minutos sobre sua vida e o poder da educação? Ela contou que nasceu em Serra Morena, no interior do Paraná, e que aos cinco anos de idade foi levada por uma missão para um colégio interno de freiras que conta-vam histórias racistas para as crianças. Foi sua mãe, uma lavadeira que pedia material escolar em troca de traba-lho, quem insistiu para que ela estudasse, na tentativa de lidar com a rebeldia da menina. Diva ainda falou do preconceito que negros e indígenas sofrem em Curitiba, cidade considerada "evoluída", "europeia". Na escola, ouviu que a palma da mão branca de uma pessoa negra era sua única parte de valor. E foi ali, na Flip, durante uma mesa em que eu participava para falar do *Na minha pele*, que ela pela primeira vez se sentiu confortável para falar das dores provocadas pelo racismo.

Pois bem. Convoquei dona Diva para ser atriz do *Medida provisória*. O primeiro rosto a aparecer na tela seria o seu. Ela recebeu o roteiro antes porque aquela era uma história nossa, e eu queria que me ajudasse a contá-la. Ela respondeu:

O meu sim é sim, sim, sim, além do infinito. Eu penso sempre que nós temos poucas oportunidades, e as oportu-nidades que temos não podemos deixar escapar das nossas mãos. E quem sabe daqui a duzentos anos a gente tenha um ser assim igual a você para contar que a gente não está mais passando por isso, que as próximas gerações não esta-rão passando mais. Vou dar a minha pequena contribuição. Não sou artista, você sabe disso, mas vou fazer o melhor que puder. Que eles [as novas gerações] vejam que a gente pode crescer para todos os lados, em todos os sentidos, começar a estudar de novo com essa idade, ter outros co-nhecimentos. Então é isso que tem que ser, eu te agradeço profundamente. Te amo.

O filme já era dela.

Outra coisa que desejei e absorvi como prática é sempre tratar as histórias que conto como coletivas, mesmo que tenham um único protagonista. A equipe, apaixonada pela possibilidade de ter sua voz escutada, se envolve profundamente no trabalho e transforma não apenas aquela história, mas sua própria existência. Ter voz e ser visto. Essa é a estratégia: acolher para *acender* as pessoas. A Poética do Acolhimento Estratégico Ativo não é ativa à toa. Ela acolhe e convoca compromissos; ela joga luz nas potências das pessoas; ela acende as pessoas para que não acreditem que precisam ficar anestesiadas, achando que a vida, o país e o mundo são assim mesmo e que não há contribuição a ser feita.

O acolhimento associado à arte, mais especificamente com o teatro que escolhi fazer, é um convite à respiração. A respirar antes de dar o primeiro passo, um convite para entrar em contato consigo mesmo e com o ambiente. Para quem faz teatro, o que vou falar agora pode parecer um lugar-comum, mas talvez o leitor nunca tenha tido a oportunidade de estar numa sala de ensaio, de encontrar ali os seus colegas e dar o primeiro passo que, usualmente, é relaxar o máximo possível. Depois, quando nos deitamos no chão e fechamos os olhos, vamos descobrindo nossos pontos de tensão. Mexemos um pouco o corpo para ficarmos confortáveis e começamos a prestar atenção na respiração. É um momento de autopercepção. Não há compromisso de produzir alguma coisa. Buscamos simplesmente entender como estamos naquele momento e qual será o lugar que iremos habitar a partir dos estímulos que chegarem.

É um processo da construção artística muito valioso que com certeza serve também para a nossa vida. Não raro, ouvimos o conselho de fazer isso ao despertar: não fazer nada a não ser perceber como estamos. Muita gente aconselha até que não se fale com ninguém, que se fique um tempo deitado respirando, entendendo como estamos, como acordamos e, só depois disso, espreguiçar para enfrentar a vida. Pois é, eu sei que no dia a dia, para muitos, isso não vai rolar, principalmente pra quem acorda de madrugada e se desloca por horas até seu local de trabalho. Mas o fato é que, se nos mantivermos com a respiração presa, buscaremos sempre um opositor, um inimigo de quem teremos que nos defender. Quando não respiramos, não conseguimos encontrar nossa força e entender nossos pontos de tensão. É uma imagem subjetiva, mas faz todo sentido: lembro de ensaios em que eu chegava sem a menor criatividade, sem vontade de participar, e graças ao simples ato de respirar e de perceber como eu estava desatavam-se os nós e os ensaios se tornavam ricos, produtivos e belos.

Resumidamente, a Poética é dividida assim:

Acolhimento
Ancestralidade negra (que não é só voltada para negros, taí a pegadinha. Colocar luz nos saberes da ancestralidade negra é para todos, pois esses saberes são ignorados e desvalorizados por muita gente)
Ludicidade
Desnaturalização de ideologias
Crítica social, política, cultural e artística

Mas... *Sempre tem um mas, né, Lazinho?* Pois é. Mas sabe quando falei do meu conflito ligado à passividade? Hoje acredito que essa poética é também um subterfúgio. Ela é parte de uma impossibilidade de falar livremente. Ela não liberta. Ela é o possível. É a influência de tudo o que vivi. Ela é também um sobressalto.

Por vezes percebo ser geracional. A nova geração se apresenta orgulhosa de outra maneira. Não admite desrespeito, não se submete a abusos e lacra mesmo. O que gera vários debates e, com certeza, movimentações.

Nem tudo caminha em linha reta. O mais bonito para mim é que, dentro deste sobressalto que é a Poética do Acolhimento Estratégico Ativo, tenho visto leitores e espectadores provocados e mobilizados, inclusive as equipes de trabalho que me ajudam a construir as histórias. Os profissionais, na sua maioria, se sentem à vontade dentro dos temas, felizes e motivados nas suas tarefas e orgulhosos de suas contribuições. Isso é muito valioso, principalmente porque existem muitos ambientes de trabalho que trazem infelicidade e desrespeito.

A Poética é um manifesto e tem propósito: ser uma opção em tempos tão terríveis de desamor e desonestidade. Ela é um artifício para enfrentar a missão de fazer a transição para outro tempo, um tempo mais respeitoso e justo, e que com fé não terá que viver em sobressalto e luta a todo momento, pela sobrevivência e por direitos básicos.

Escrevo este livro querendo agregar e despertar o que há de melhor em nós. Muita coisa já despertou o pior em nós. E muito do que eclodiu permanece. Precisamos nos libertar disso. Esse nosso papo pode te trazer desassossego, mas creio que ajudará na sua libertação. Precisamos retomar a nossa capacidade de compreender que o caminho é equidade, justiça, humanidade, valor à vida, respeito às diferenças que temos, indignação contra atos violentos, cuidado com o meio ambiente, proteção à infância e a retomada da alegria — mas não a alegria que anestesia.

CONEXÃO

No primeiro livro, mais ou menos neste momento, eu sugeria a você, leitora, a você, leitor, que escolhesse continuar ou não com a viagem, pois depois de dividir muitas das minhas memórias eu seria um pouco mais contundente ou, como escrevi na época, a leitura seguiria "por águas um pouco mais incômodas".

Este segundo livro traz tantas perguntas e convoca tanto que meu medo é o de você desistir se eu perguntar isso novamente.

Talvez você esteja numa fase da vida em que cansou de ter dúvidas. Ou talvez seja uma pessoa que queira respostas um pouco mais imediatas, pois não tem mais forças ou vontade de ser convocada o tempo todo, como venho fazendo.

Se você já tiver lido o primeiro livro, saberá que vale a pena ter dúvidas. Intensifiquei as perguntas nessa nova viagem porque quero tentar tirar de você algumas opiniões, e não oferecer resposta simples para questões complexas. É que a gente já tem intimidade para encarar que não existe fórmula mágica. A luz pode não vir da solução mágica de um ator, mas sim de se imaginar uma outra possibilidade de futuro — e construída pelo coletivo. Por isso te convoco a pensar sobre o poder e o grande desafio da emancipação.

FAWOHODIE

Emancipação:
Libertação, alforria, independência, autonomia.

Ser visto dá a sensação de poder.
O olhar de quem nos vê pode nos
anestesiar ou nos despertar.
É preciso compreender o olhar do outro
e o nosso olhar sobre nós mesmos, para
não nos tornarmos prisioneiros.

Poder

Quem tem poder — poder real, poder econômico, poder político — quer compartilhar com outras pessoas? Quem abriria mão da possibilidade de ascensão social, de acesso a bens e vantagens em benefício de outros?

Ah, Lazinho, isso é cultural, talvez até seja do instinto humano.

Sim, acompanhante de viagem, mesmo que seja, aonde chegamos com esse comportamento? E mais: já vimos que sociedades desiguais produzem mais e mais guerras, e muita gente não nota que o mal-estar coletivo nos priva de várias coisas. Vamos falar mais sobre isso.

Sou um homem de sorte, encontrei na vida uma aliada poderosa: a arte. Criando e consumindo arte. Vivendo arte. Existem várias práticas do mundo artístico que, se bem direcionadas, podem fortalecer a nossa existência. Isso é algo poderoso. E valoroso. Me sinto mais poderoso, intimamente e coletivamente, por causa da arte. Pode parecer papo de artista, mas acredito que é possível tê-la na vida de qualquer pessoa, mesmo porque ela já está conosco, queiramos ou não, notemos ou não. Mas até onde vai esse poder?

As práticas artísticas abrem portas, mas existem coisas que, para serem de fato transformadas, precisam da ação de vários outros agentes que não brotam das artes. Políticas públicas eficazes, uma rede de relações significativa e até ajuda para lidarmos com nossas próprias amarras individuais, como sentir culpa por ter dinheiro, só pra dar um exemplo.

Há pouquíssimo tempo, eu estava assistindo ao documentário *Vale o escrito: A guerra do jogo do bicho*, e nele eu via os bicheiros e seus herdeiros, todos brancos, inseridos na sociedade, admirados nas escolas de samba, mandando em tudo. Comentei isso com um amigo e ele disse:

"Tá espantado por quê, Lazinho? Mesmo onde tem concentração de negros, eles não estão no comando. Ou você pode me citar vários carnavalescos ou técnicos de futebol negão?"

O diálogo seguiu e eu disse:

"Mas o jogo do bicho é lugar de contravenção. Ai... nem sei se eu queria esse tipo de ascensão, pra eles tá perigoso ir até em academia."

No que ele disparou:

"Mas se for comparar com aquele menino preto que está na favela sem recurso nenhum e que acaba se envolvendo com a bandidagem, com certeza é menos pior. E isso sendo visto todos os dias, produz o quê? Responda você. Que história está sendo contada e o que está sendo perpetuado?"

"Mas é que eu queria ver nosso povo nas empresas, como governantes..."

"Tá fugindo né, Lazinho. Eles querem é que a gente segure a corda pro bloco deles passar."

Sem resposta, coloquei *Xande canta Caetano* pra tocar e fui beber uma água.

Mobilidade social é um dos grandes entraves que temos. A perspectiva de superar uma vida de privações é distante para a maioria das pessoas. E quem conquista alguma mobilidade acaba encontrando outras surpresas no caminho.

Eu entendi muito rapidamente que, na minha profissão, por ser ambicioso e querer ocupar um lugar de poder e, como eu gosto de dizer, um lugar para assinar a carteira de trabalho, as barreiras seriam inúmeras. Todas as vezes que eu saí do lugar do *entertainer* para tentar disputar poder, isso não aconteceu plenamente. Em algumas situações, sim, mas em outras...

Um exemplo dessa desigual disputa de poder aconteceu quando eu fazia minha transição para, além de ator, me tornar apresentador. Um lugar de prestígio, de mais dinheiro, com mais verba de marketing e com maior exposição, pois passaria a aparecer regularmente na televisão. Fiz um primeiro projeto. Quando o programa estava gravado, uma pessoa deu um jeito, não sei como (ou talvez eu saiba e não queira contar), de ver o episódio antes que fosse ao ar. Ao assistir, solicitou à chefia que fossem feitas alterações, já que considerou que algumas coisas eram semelhantes aos seus próprios projetos, ou aos seus valores, não sei bem. Ninguém mais poderia disputar aquele território. Meu programa foi todo modificado, ficando com a identidade capenga, e acabou não indo pra frente. Era uma disputa de lugar, de poder, de verba. E nem preciso dizer que a pessoa se tratava de um homem branco de origem abastada, né?

O tempo foi passando e veio a compreensão de que para estar, permanecer e ascender eu tinha que lutar muito mais. Só que você vai envelhecendo, vai cansando de encontrar desafios até mesmo entre pessoas que considera seus iguais. E aí vai passando a missão para as próximas gerações, que, você espera, terão mais fôlego.

Além de tudo, somos redistributivos. A história do nosso povo faz com que nossa renda muitas vezes não seja investida em nós mesmos. A gente vai redistribuindo entre familiares, funcionários, amigos, amigas e, quando vê, o tempo passou e você segue em sua missão até onde for possível. E ainda tem uma cilada em que a gente cai muito, que é ficar completamente tomado pelas pautas raciais e acabar deixando de investir em outras potências. Essa tem sido a minha vivência. Claro que sempre há a opção de ficar alheio e construir uma história independente dessas questões, como alguns fazem, mas vai explicar isso pra cabeça e pro coração...

Tenho mais de trinta anos de carreira. Quando comecei nessa profissão, ainda adolescente, eu não sabia que poderia viver dela e que, além de ator, eu exploraria outras ocupações, como a direção, a produção e afins. Fui além do que eu tinha planejado e sonhado, mas isso não significa que não encontrei barreiras para os passos que quis dar. Vindo de uma família que, como sempre falo, não tem herança financeira para deixar, nem rede de relações dentro da minha área ou até mesmo dentro de suas próprias áreas, a realidade se mostra.

Mesmo estando agora num outro patamar de possibilidades profissionais, nem sempre tenho repertório ou conhecimento técnico para viabilizar todos os projetos que desejo. Administração financeira e estratégias de empreendedorismo, por exemplo, são assuntos que preciso estudar ou estar atento além do natural. Às vezes sinto o meu tempo roubado pela falta de inserção de familiares e amigos nos círculos de poder e produção. Preciso investir horas a mais para aprender essas coisas, e ainda assim, muitas vezes, não é suficiente.

O poder não *está* para todos. Vivemos desiguais e cada vez mais divididos. Não conseguimos manter nossas conquistas individuais e ao mesmo tempo sermos mais justos, não conseguimos romper com a máxima "uns com tanto, outros tantos com algum, mas a maioria sem nenhum", como cantou Elton Medeiros. E não conseguimos criar alternativas para preservar o meio ambiente, continuamos a avançar como se nada estivesse acontecendo. *Eita, Lazinho jogou um meio ambiente do nada no papo.* Mas é que está relacionado. Os quatro Dês sustentam poderes: desigualdade, desmatamento, desenvolvimento não sustentável e divisão.

Vou inserir algumas expressões artísticas para servir de fio condutor. Numa peça de teatro, estaríamos agora no auge, naquele momento em que queremos nos sentar mais na ponta da cadeira, porque já entendemos todo o conflito e buscamos descobrir onde nossos protagonistas vão encontrar a solução. Tipo quando Hamlet ou Simba — se você só viu *O Rei Leão* — descobrem a traição do tio.

No teatro da vida falamos muito sobre empatia, privilégios e acesso a direitos. Temos no elenco os que podem e os que não podem.

Por favor, me deixe existir na sua TV; por favor, me considere com aparência adequada para a sua vaga de trabalho; por favor, me considere bela. Alguns precisam dizer "A favela venceu" para apaziguar a dor diária de tantos e dar um pouco de dignidade a esse espaço tão complexo, mesmo que saibam que não, a favela não venceu. Alguns moradores conseguiram, mas a favela ainda tem muitos desafios pra vencer real.

A verdade é que ainda precisamos criar artifícios para sermos aceitos como somos. Ou é natural termos que, para acolher as nossas crianças, criar a frase "Seu cabelo é sua coroa"? Não deveríamos precisar comparar o cabelo de nossas crianças com um símbolo monárquico para que possam se amar e ser quem são. É só o cabelo delas, e ele não deveria gerar nenhum tipo de objeção.

E, enfim, o mais doloroso de todos os pedidos: por favor, parem de nos matar. Mesmo num protesto, a gente tá pedindo, e não afirmando livremente que vamos viver.

A meta não devia ser ter o direito *de pedir permissão*, e sim poder dizer livremente "eu vou". Eu vou viver. Esse espaço também é meu. Quando pedimos, mesmo que tenhamos a liberação para pedir, ainda assim o poder está nas mãos do outro, é ele quem ocupa o lugar de quem permite, de quem consente.

Entendem a minha agonia?

Em 2022, já com a cabeça na escrita deste livro, comecei a pensar em tudo o que havia mudado após o *Na minha pele*, lançado em junho de 2017. Posso dizer que hoje temos uma maior presença negra nas universidades e na TV, temos mais pessoas expressando publicamente seus desejos e lutando por seus direitos, temos mais livros sobre esse tema e nas mais variadas linguagens. Algumas empresas começaram a entender que diversidade vende e que, quanto mais vozes diferentes houver no seu corpo de funcionários, mais qualidade e clientes conquistarão. Ganharão também novos repertórios para a solução de problemas e a imagem de uma empresa socialmente responsável diante do mercado e do público consumidor.

Mas essa ascensão está acontecendo realmente em toda a sua plenitude ou ela estaciona quando tenta atingir os postos de comando?

Aqui entra na roda um conceito que não foi mapeado no primeiro livro. O tokenismo. Pra quem não sabe o que é, trago este trecho do site Politize!, que explica bem:

O tokenismo é uma inclusão simbólica que consiste em fazer concessões superficiais a grupos minoritários. Seu significado provém da palavra *token*, que significa "símbolo" em inglês. O termo surgiu nos anos 1960, nos Estados Unidos, durante o período de forte luta pelos direitos civis dos afro-americanos. Martin Luther King foi o primeiro a utilizar o termo "tokenismo", em um artigo publicado em 1962: "A noção de que a integração por meio de tokens vai satisfazer as pessoas é uma ilusão. O negro de hoje tem uma noção nova de quem é".

Nesse texto, Luther King critica o fato de que o tokenismo serve apenas para dar uma imagem progressista, ou seja, uma organização ou projeto incorpora um número mínimo de membros de grupos minoritários somente para gerar uma sensação de diversidade ou igualdade. Porém, não existe um esforço real para incluir essas minorias e dar--lhes os mesmos direitos e poderes do grupo dominante.[*]

Vamos então falar das reações às possibilidades de inserção social de quem ainda não alcançou o topo da pirâmide. Algumas pessoas se sentem naturalmente herdeiras do poder, acreditam que é direito delas trilhar esse caminho aberto por suas famílias ou pelo imaginário coletivo, que vai da escola ou da universidade desejada, passando pelo cursinho de inglês ou intercâmbio no exterior, até o estágio ou emprego que vão arranjar mais lá na frente, todos frutos de uma rede de relacionamentos forte e do poder econômico. Essas pessoas agora têm de conviver com o brado dos antigos silenciados, um grito alto e constante. E fazem o quê? Gritam também. "E o mérito?!", berram. Vocês acham que essas pessoas querem realmente redefinir a cara da sua equipe de trabalho ou o formato de gestão de uma empresa? Então o que temos? Apenas um espetáculo barulhento. Eu geralmente gosto de entender o que os atores dizem ou o que os músicos estão cantando, porque quando tudo vira uma grande cacofonia ninguém consegue se comunicar.

É importante reconhecer que o vômito, o grito, tira o ouvinte da inércia. Ele acorda as pessoas e faz com que olhem, mesmo que com desconfiança, para universos

[*] Regiane Folter, "O que é tokenismo?". Politize!, 14 jan. 2020. Disponível em: <www.politize.com.br/tokenismo/#:~:text=O%20 tokenismo%20trata%2Dse%20de,direitos%20civis%20dos%20 afro%2Damericanos>.

dos quais não fazem parte. Ele provoca emoção e envolvimento. Mas ele pode gerar também uma reação completamente oposta. Pode acuar o ouvinte. Acuado, ele vai reagir sob pressão, e aí entra forte uma tendência que temos, como seres humanos, de torcer os fatos para que se encaixem na nossa confortável, segura e já conhecida visão de mundo.

Podemos, na superfície, nos conscientizar sobre muitos temas, mas será que nos sensibilizamos a ponto de verdadeiramente mudar nossa mentalidade e atitude? Será que conseguimos de fato compreender que algumas demandas são mais do que sociais, que elas se mesclam com desenvolvimento econômico, cultural e tecnológico e dizem respeito a um projeto de país, de povo?

A empatia de que falamos há pouco é um exercício cada vez mais difícil, porque ela só se mostrará em toda a sua grandeza se não for da boca pra fora.

Qual é então o próximo passo? Se olharmos para essas nossas feridas de frente, com consciência e sensibilidade, acredito que possamos tentar nos antecipar e plantar uma nova visão. Esse é um debate que permanecerá por muito tempo. E aqui trago novamente o poder da arte como agente mobilizador. Porque este livro tem a arte como fio condutor, já que acredito que ela poderá nos auxiliar a alcançar este futuro esperado.

Lembram que falei bem lá no início do livro que governos e pandemias passam, mas o coletivo permanece? Pelo menos até o juízo final? Ou até o dia em que um grande cometa nos atinja e destrua? A arte é uma forte aliada porque é capaz de nos emocionar e resgatar em nós a capacidade de sentir e pensar com empatia. A arte nos dá respostas todos os dias. E há coisas que só ela dá conta de dizer.

Eu me recordo das rodas de conversa do Bando de Teatro Olodum, que aconteciam nos finais de noite no teatro Vila Velha. Atrizes e atores, cada um com sua personalidade, seus anseios, às vezes queriam tratar de um assunto mesmo quando alguém já tinha falado daquilo antes. Havia espaço para se colocarem e todos respeitavam esse desejo de ser visto. E assim seguiam-se reuniões intermináveis, mas que criaram uma conexão entre os integrantes do grupo que permanece até hoje.

Algo parecido acontece nos espaços religiosos, que muitas vezes exercem a função de acolher as pessoas. Pessoas que em seus locais de trabalho, no transporte público e até mesmo dentro de casa não são vistas, respeitadas e escutadas, ao chegarem em seu espaço religioso se tornam lideranças, ganham protagonismo. Elas organizam grupos de aconselhamento, cantam coletivamente, vão ao centro do terreiro e dançam, sobem no palco do orador e recebem a atenção de todos. Para além dos desvios que sabemos que líderes religiosos praticam, experimentar essa sensação é um dos motivos que torna tantas pessoas "fiéis". É o poder que a religião dá a uma pessoa que faz com que haja, por parte dela, essa defesa irrestrita e paixão incondicional por algo maior — e quantas vezes não achamos essa atitude irracional, não é mesmo?

Sei o que é isso. Não foi a religião, mas a arte que me apresentou a essa sensação. A primeira vez que subi num palco diante de uma plateia em que estavam minha família e desconhecidos reagindo ao que eu dizia, e se emocionando com as cenas em que eu participava, me senti poderoso. Isso é legítimo e prazeroso. Mas manipulável também. Voltando para o espaço da religião, pode haver um estímulo da fé para, em nome da própria fé, praticar atos que tentam apagar a fé dos outros — ou a existência de pessoas e grupos. Porque há prazer nesse lugar de poder, e há que se prestar atenção nisso para sabermos lidar com essa realidade.

A conversa vai por aí.

Temos que compreender de onde parte a fala das pessoas. Já que estamos inseridos num sistema que atrela poder a soberania, imposição e autoritarismo, as perguntas são: será que é possível exercer poder de um jeito diferente? E o que pode ser feito para que mais pessoas tenham poder?

Por que vocês escolheram ler este livro? Meu "poder" talvez tenha te atraído, companheiro de viagem. De todo modo, se você chegou até aqui é porque busca algumas reflexões que partem deste cara que escreveu estas palavras trôpegas. E este cara está falando de um poder usado para que mais pessoas tenham acesso a direitos e a uma vida plena. E que ter poder traz várias benesses e vantagens individuais, sim, mas que ele deveria ser também um propósito coletivo.

Tem um conselho que repasso aqui e que costumo usar frequentemente com as crianças e jovens que me cercam: desde cedo fale sobre dinheiro, sobre empreender, sobre o valor das coisas. Compartilhe informações, mesmo as mais específicas. Fale sobre a importância de aprender outro idioma, do dia a dia do trabalho e da necessidade de se capacitar constantemente, porque não ter nascido herdeiro de dinheiro e de redes de relação vai te roubar um tempo precioso.

E pergunte a si mesmo: onde você sente que tem poder? Como você vai usar o poder que tem? No seu sonho de poder, você deseja mudar os vícios de um sistema que continua a produzir anomalias e exclusão? Você se relaciona com quem tem mais poder de influência e econômico do que você? Pois é, são boas questões para refletirmos quando buscamos poder, porque, afinal, saber o que *fazer* com o poder é tão ou mais importante do que *obter* poder.

Acredito que o uso do poder sob uma nova perspectiva poderá realmente mudar as coisas. E tem algo que defenderei até o fim dos meus dias: ter acesso a conhecimento e informação de qualidade pode transformar o exercício do poder. Que ele seja nobre, motivador e justo, pois isso ajudará a corrigir perversidades históricas e proporcionará bem-estar real às pessoas.

O seu lugar no futuro é a Utopia
que você planeja hoje.
É preciso ir para além do sonho.

Emancipação

Em outubro de 2022, eu estava na Bahia com meus filhos. Gosto de mostrar Salvador pra eles enquanto conto partes da minha vida e da história dos nossos mais velhos. Intuitivamente, resolvi levá-los para tomar um banho de pipoca numa igreja. Após o banho, contei que a avó deles havia trabalhado numa rua próxima dali e as crianças quiseram ver o lugar. De pronto recusei. Não disse por quê, mas a verdade é que fiquei com medo de me emocionar. Medo de chorar lembrando de Mãinha saindo do prédio em uma de suas poucas folgas, de mãos dadas comigo e cantando "Madalena do Jucu", do Martinho da Vila. Ela amava essa música. Enrolei um pouco, até meu pequeno dizer: "Eu pensei muito nela na igreja". Não havia mais como fugir. Enfrentei o medo.

Eis que, quando chegamos, na janela do apartamento vi uma placa de "Vende-se". Um buraco se abriu na minha cabeça.

Eu comprei o imóvel.

Eu pude comprar o imóvel.

A sensação foi de vingança misturada com justiça e

insegurança. Descobri neste dia que dava pra sentir tudo isso junto. E me deu ainda uma vontade enorme de fazer o tempo voltar e compartilhar com minha mãe essa e tantas outras conquistas.

No dia em que entrei no apartamento pela primeira vez, eu não chorei. Para ser mais exato, no dia em que fui pegar a chave, eu entrei pela sala e achei ter errado de lugar. Não reconhecia nada. Fui indo para os fundos. Nada. Eu tinha me enganado, só podia ser. Cruzei a sala. Cheguei ao corredor. Pintou a dúvida: será que eu criei essa história na minha cabeça? Comprei o apartamento errado guiado pela minha imaginação? Entrei na cozinha. Um arrepio. Virei de costas. Nessa posição, olhando pra sala, voltei no tempo.

Claro que eu não havia reconhecido o apartamento. Eu nunca havia entrado pela porta da frente, muito menos ficado na sala. O meu ponto de vista era o da cozinha e o que eu antevia do restante do apartamento. E tudo visto de baixo; afinal de contas, eu era uma criança.

Quase que meu joelho dobrou para que eu pudesse me encaixar no espírito daquela criança que havia retornado.

Mas não chorei. Só olhei.

Racionalizei a situação do agora ator famoso que dava uma rasteira na história. Lembrei da colcha da patroa, do banheiro do quarto de empregada com uma janela mínima ao lado e acima do vaso sanitário que eu usava para me apoiar e vislumbrar um pedacinho do mundo lá fora, que era basicamente a parede do apartamento da frente e um abismo abaixo.

Não chorei. Só pensei: "Que bom que transformei em dramaturgia".

Senti algo que não sei adjetivar.

Usei da minha experiência em cinema. Liguei o celular e fiz um filme alternativo. Um plano sequência em que imperava o silêncio e algumas intervenções da vida lá fora. O som perdido de uma buzina. Uma voz que sobressaía de algum apartamento vizinho. Pensei: vou pôr uma música depois. Quem sabe eu poste esse vídeo no lançamento do meu novo livro.

Transformei em dramaturgia e não chorei.

Sou vitorioso. Estou curado de toda a dor. Me emancipei. Me libertei.

Pedi à artista plástica Nila Carneiro que fizesse um graffiti na parede principal do apartamento, na sala, com o rosto de minha mãe usando duas flores típicas da Ilha do Paty e dois pássaros. Um graffiti ocupando aquele lugar que ela nunca havia ocupado plenamente. Ela fez, e como não pude ir a Salvador para ver a obra de perto, planejei vê-la quando concluísse meu plano para aquele apartamento. Ainda não sabia o que fazer com ele.

Nas férias de 2024, enfim marquei de ir a Salvador.

Eu me sentia aliviado e planejava fazer uma intervenção artística filmada. Queria levar um balde de tinta branca, passar a tinta por cima do graffiti e declarar: "Te liberto, mãe! Você não tem que ficar neste apartamento". Quem sabe a capa deste livro não poderia ser uma foto minha, de costas, cobrindo o graffiti de tinta? Com certeza seria impactante. Uma ótima cena.

Pousei em Salvador, entrei no túnel de bambu e, diferentemente das outras vezes em que passei por ali, o meu sorriso característico e a sensação de saúde não vieram. Encontrei minha família e nos sentamos para jogar um jogo de tabuleiro. No meio da partida chamei Taís de canto: "Acho que vou desmaiar". Eu suava frio. E desmaiei.

Não consegui ir ao encontro das pessoas para realizar a cena da tinta branca. Fui hospitalizado. Senti no corpo e na mente coisas que nunca havia sentido: arrepio, fraqueza, necessidade de abraço, vontade de me escutar em vez de ficar criando vários assuntos na cabeça, me escondendo em dramaturgias para não encarar a realidade. A vida.

E chorei. Muito. E muitas vezes. Conversei secretamente com minha mãe. Fiz perguntas, desabafei, pedi proteção. E chorei mais. Como se eu quisesse esgotar uma dor que começara lá atrás, na infância, e que eu não sabia que tinha deixado tantas sequelas.

Chorei muito e muitas vezes.

Recebi vários diagnósticos: crise de ansiedade, crise de angústia, "você trabalha demais". Dias depois, eu mesmo me diagnostiquei. Era crise de silêncio. Crise de máscara para viver. Crise de viver com pequenos abusos. Crise de viver com pequenas humilhações. Crise de precisar aceitar grandes abusos. Crise de viver com quem, para ser grande, quer te diminuir ou agredir.

E encontrei um poema da escritora, poeta e ativista pelos direitos civis Maya Angelou que mostra mais uma vez um ciclo de repetições. Minha mãe faria setenta anos se estivesse viva, e o poema de Maya, escrito décadas atrás, traduz nos mínimos detalhes o que muitos não querem ver e ouvir. Maya narra:

Sessenta anos no mundo dessa gente,
A criança para quem trabalho me chama de garota,
Eu respondo "Sim, senhora" por causa do emprego.

Muito orgulhosa para me curvar,
Muito pobre para me quebrar,
Gargalho até meu estômago doer,
Quando penso sobre mim mesma.

Meus pais podem me fazer cair na gargalhada,
Rir tanto até quase morrer,
As histórias que eles contam soam como mentiras,
Eles cultivam a fruta,
Mas só comem a casca,
Gargalho até começar a chorar,
Quando penso sobre meus pais. [*]

É... a história deu um jeito de se repetir em meio a vitórias. E para sobreviver eu precisei conviver com tudo isso. E a fama, a grana e a ascensão social não curaram este preto aqui.

Depois da crise, vislumbrei a chance de começar a quebrar um ciclo. O ciclo da busca por reconhecimento. Porque mesmo depois de conquistar reconhecimento, ainda assim, em algum momento, por meio de palavras e gestos, algo conseguiu me colocar pra baixo. É aquele olhar que ainda insiste em tentar te tornar menor. É ter que se provar. É ter que continuar na luta.

Chega, né, Lazinho?

Estamos doentes e não temos tempo de olhar para dentro de nós. Recebemos o tapa e silenciamos. A vida não deveria ser assim.

---

[*] Maya Angelou, "Quando penso sobre mim mesma". In: *Poesia completa*. Bauru: Astral Cultural, 2020.

Agora sigo em busca de emancipação, beleza e amor. Isso é que é vida.

Desde então tenho olhado o mundo de outro jeito. É um jeito novo. Reconhecendo os desafios, mas sem esmorecer. Sem baixar a cabeça, desanimado. Vendo o quão talentosos, bonitos e inteligentes nós somos. Várias noites sonho com minha mãe e me vejo dando um abraço nela, dizendo como ela é linda, como é inteligente, o quanto é amada. No sonho, eu mordo as dobras de seus dedos e ela sorri.

Me sinto mudado. Tenho olhado mais nos olhos e abraçado mais. Tenho reconhecido as belezas do meu passado desenterrando lembranças que permaneciam guardadas e que não são de dor.

Lembro que meu pai, no dia em que terminou de construir sua casa de três andares, fruto de muito suor, me chamou e, de frente para ela, disse que o grande sonho da vida dele estava feito: uma casa para ele, uma para mim e uma para minha irmã, Viviane; e completou: "Nossa família nunca teve muita herança para deixar. Fico feliz porque hoje posso deixar isso para vocês dois. Sinto que meu papel foi cumprido".

Poder se manter e ter posses faz toda a diferença, mas mal sabia meu pai que eu não compreendia minha herança como sendo apenas aquela casa de noventa metros quadrados no bairro do Garcia. Minha herança familiar também são as palavras que ele me disse naquele momento, os valores que me passou, seus ensinamentos. Ensinamentos ligados à resistência, ensinamentos ligados à autoestima e a estratégias de sobrevivência, ensinamentos por meio de ações e atitudes que os mais velhos, como ele, tiveram — e que nós podemos querer ou não repetir. Ensinamentos por meio de expressões de afeto. E tudo isso só aumentou mais ainda o amor que tenho pelos meus filhos e as vezes em que demonstro esse amor para eles.

Palavras dadas como herança têm a ver com comprometimento, um tema que abordamos durante toda esta nossa conversa, mas acrescento a ele um complemento, uma coisa que aprendi ao longo da vida de trabalhador das artes: ser comprometido é ser brincante.

Amo a palavra "brincadeira". Amo a palavra "brincante". Ela me lembra o olhar da criança, que em tudo vê possibilidade de criação, que em tudo vê uma promessa de alegria, que em tudo vê a oportunidade de extrair uma vitamina para existir no mundo. Consegue perceber como podemos ser poderosos se somos comprometidos e, ainda assim, manter esse olhar da criança? A criança brincante. Brincar significa construir novas possibilidades, olhar para uma situação, um lugar ou pessoas e criar a partir daí movimentos contínuos de transformação e de enriquecimento.

É preciso lembrar disso. Como um estímulo. Porque temos enfrentado comportamentos bélicos e individualistas se fingindo de "defesa de direitos" — nos lembrando da fundação escravagista da nossa nação, essa fundação que permanece nos dizendo, dia após dia, que cada um tem seu lugar, e que usa a violência como forma de silenciamento e manutenção do que está posto.

Ter desaguado em choros seguidos me fez perceber que, desde os dezessete anos, eu estava lutando e não sabia o que fazer quando não estava na labuta. Me vi no espelho do mundo e, como tantos outros, submerso em angústia, não conseguia identificar o que me satisfazia — o que me faria feliz.

Como você está hoje? Muitas vezes não sabemos onde está depositada a nossa satisfação pessoal. Ela está nas nossas posses ou numa vida mais simples? Consiste em ter coisas ou dominar pessoas? A satisfação vem do aprofundamento da reflexão individual sobre si mesmo ou de um desejo compartilhado, coletivo?

Vivemos a euforia do vazio. Parece que alguma coisa está prestes a acontecer, mas não acontece nada. Vemos propagandas sobre o amor, quando muitas vezes estamos solitários e nos enclausurando — e, ainda assim, tiramos uma foto mostrando alegria para postar no Instagram. Temos um monte de opções de entretenimento: o streaming, a TV aberta, a TV fechada, milhares de músicas em um só aparelho, centenas de comidas para pedir pelo aplicativo... e seguimos assim, entupidos e preocupados porque não estamos aproveitando tudo o que deveríamos. Passamos o controle remoto por diversas alternativas sem conseguir escolher nada. Nos iludimos ao acreditar que satisfação tem a ver com a quantidade de opções ao nosso dispor. Muitas vezes, só precisamos de tranquilidade.

Além do mais, bem ao nosso lado, muitos não têm opção a não ser se perguntar, todos os dias, se comprarão comida para os filhos ou uma sandália nova para trabalhar mais bem-vestido; se continuarão a aceitar assédios no emprego, para garantir o sustento, ou se vão se rebelar e partir para a incerteza de não ter salário no fim do mês.

A gente não sabe se vai ser feliz com as nossas escolhas. Também escolhemos não olhar para as feridas expostas do nosso coletivo.

Ao desaguar em lágrimas vi com nitidez que ignoramos a essência da vida em coletividade e pautamos os afetos pelas nossas carências e não pelo que efetivamente nos alimenta e nos fortalece. Isso acontece na vida em comunidade, mas também no casamento, nas relações de amizade e familiares. Vivemos uma solidão acompanhada. E o pior e mais desesperador é que parece que perdemos o propósito.

Estamos numa brecha histórica em que as ideias que no passado davam um sentido à vida morreram. O modelo anterior não nos satisfaz mais, mas ainda não sabemos muito bem o que deve entrar em seu lugar. Tudo é questionado por todos o tempo todo. Que modelo vamos botar no lugar? Que modelo conseguirá se estabelecer, gestar e valorizar todas as vozes que temos?

As minhas lágrimas se transformaram em sorriso quando percebi que as coisas já mudaram — o mundo e nós já mudamos. Não mudamos, mãe? Sim, temos mais perguntas do que respostas, mas com um sorriso de fé no rosto digo que tenho uma intuição, não é certeza absoluta, mas tenho um palpite de que as respostas vão aparecer na inquietação, na indignação e, cada vez mais, na informação. Informação de qualidade liberta, emancipa.

O processo de emancipação é contínuo. Por causa das nossas vivências coletivas e individuais. E devemos ter coragem. Coragem para assumir que, não, ainda não temos todas as respostas. Mas eu te digo uma coisa: amar e se saber no direito de ser amado faz parte do processo de emancipação. Precisamos nos cuidar. Se cuide. Economicamente e da sua saúde física e mental. Valorize nossa tecnologia ancestral e conheça as que chegarão.

Assuma, cuide e estimule seus filhos.

Precisamos formar homens que se responsabilizem. Precisamos formar homens sem medo. Sem medo da fragilidade, de se sentirem diminuídos, que descubram outros recursos além do grito, além do enrijecimento, além do medo de se comprometer, homens sem medo de formar parcerias e sem medo do autoconhecimento. E que ainda assim se mantenham e se sintam fortes.

Precisamos conversar sobre como tiramos do padrão a culpa e como conquistamos os processos empáticos.

Quais são os rituais que vamos criar para voltar a nos relacionar? Vamos cozinhar juntos? Desligar o celular por alguns instantes? Brincar e sorrir? Gritar em praça pública? Circular pelas cidades e olhar verdadeiramente os lugares por onde andamos? Mas como vamos realizar tudo isso com um sistema financeiro que define as coisas de outra maneira? Que dá ou tira mobilidade?

Esse é um projeto de país e de convivência que torna o meu rosto ainda mais sorridente, intenso, sorrindo também com os olhos.

É primordial alimentar a sensação de que somos donos do país, de que somos nós que decidimos e cuidamos coletivamente dele. Devemos destruir de vez a mentalidade de que a nação em que vivemos deve ser explorada em vez de cuidada. Pensar nisso todos os dias. Isso tudo passa pela valorização do ser humano. E pela formação do ser humano nas ruas, nas casas, nas empresas e na escola.

A escola somos nós, o que fazemos e o que escolhemos.

Há muito tempo o direito à escola é uma luta, quando devia ser um processo natural. Estudar não deveria ser um sonho, e sim algo corriqueiro.

Minha mãe frequentou aulas no período noturno para concluir seus estudos. Depois de um dia inteiro de trabalho, ela ia animada pra escola. Às vezes me levava com ela, me sentava numa cadeira próxima e fazia questão de trocar olhares comigo o tempo todo, mostrando como estava feliz pela chance de estudar.

Precisamos ser um exemplo para as nossas crianças. Isso dá propósito. Tendo propósito e nos tornando inquietos, não nos acostumamos com injustiças e partimos para a ação. Para essa mudança ser possível temos de conhecer a história e não nos conformar. Temos de estar aptos a mudar de estratégia por meio do compromisso de conhecermos nosso próprio tempo.

Complexo e utópico, né? Mas, para tempos despóticos, adapto uma frase do *Na minha pele*: "Seu lugar é a utopia que você criar hoje".

Você que vem sendo minha companhia em mais esta viagem deve ter notado que falei muito de como a arte pode auxiliar nesse processo. A arte é o meu ofício, mas seja qual for a sua profissão meu sonho é que você encontre nela ferramentas e possibilidades para ser feliz.

Este livro fala sobre usar a arte como recurso para proporcionar diálogo e como auxiliar nos processos civilizatórios. Depois de tantos anos nesta profissão, aprendi nos processos de expressão artística que não há como não ser afetado. Para a produção artística, precisamos estar despertos e despertar. E a arte nos desperta mesmo quando não estamos atentos a isso. Ela está na nossa vida mesmo quando não percebemos. Não há como ouvir uma música e não se embalar pela melodia e harmonia, pela alegria, pela emoção que ela traz, da música mais dançante à mais reflexiva. E aí olha a conclusão... Entra-se em contato com a emoção. É importante entrarmos em contato com o nosso sentir.

Ao dançarmos ou subirmos num palco para apresentar uma peça, temos de estar ligados, presentes, e então recebemos a atenção das pessoas e experimentamos essa sensação de prazer e responsabilidade. Ou seja, assuma o seu lugar no mundo e desfrute o máximo possível desse desafio. Um desenho ou pintura que é feito silenciosamente e depois compartilhado com alguém traz uma pausa no tempo para que a gente perceba as sutilezas desse novo mundo criado. É como na vida, em que às vezes é necessário só parar e olhar.

Minha utopia é que a arte e a consciência acompanhem você. Para deixar a jornada mais saudável e porque a arte é o lugar das possibilidades, um lugar onde a gente pode imaginar o mundo e, a partir dessa criação, fazê-lo real. Precisamos dela todos os dias e sempre. Como companheira no momento de solidão, como fuga quando precisamos relaxar, como parceira quando precisamos gritar alguma coisa aos quatro ventos.

E o mais lindo é saber que ela não está apenas nos teatros e nas casas de show nobres; ela está nas ruas, nos muros, nas casas, nos transportes públicos, nos hospitais, nos aparelhos telefônicos, nos jogos, na culinária, nos formatos de relação que a gente estabelece, e isso nos traz saúde. Você já se deu conta disso? Olhe pro lado ou feche os olhos e tente lembrar.

Reconheça a arte que está na sua vida, produza arte, se inspire e atue. Atue sem sossegar no sucesso individual. Sim, ele é importante e simbólico, mas não é o fim. A vitória precisa ser coletiva.

* * *

Nossa jornada está se aproximando do fim e posso dizer que, antes mesmo de ser publicado, este livro já me trouxe dois grandes presentes: as primeiras anotações para uma próxima viagem, onde quero tratar só de nossa beleza, inteligência e potência, e mais conhecimento sobre quem foi minha mãe.

Fiz uma pergunta bem simples pras minhas primas Rosania, Rosenilda, Rosana e Almiralice, pra meu primo Evilásio, pra meu pai, pra tio Vadu e pra minha madrinha Celinha: quem foi Célia para você? Assim, acredito, pude montar um quebra-cabeça menos parcial e mais justo sobre ela.

Seu sorriso veio primeiro. Como eu disse, Célia sempre sorriu muito. Nas palavras de Vadu, seu irmão, ela era alegre, gostava de festa: onde tinha brincadeira, lá estava ela, sempre de bem com a vida. Parece até que sabia que aos 43 anos seria levada para uma outra dimensão. Era muito prestativa. Morava no interior da Bahia, passou a infância brincando na maré da Ilha do Paty com seus primos e primas. Amava comer as frutas da região. Manga, cana e tamarindo, do qual, aliás, ela aprendeu a fazer doce, e tinha também pitanga, que ela amava o cheiro das folhas. Era inteligente e valente. Mariscava e corria atrás dos caranguejos. De aratu, outro crustáceo da região, ela tinha medo. Às vezes batia o pé no chão pra provocar o bicho e, quando ele levantava as garras, ela corria num misto de susto e diversão, às gargalhadas.

Até que, numa festa no município de Madre de Deus, vizinho à Ilha do Paty, ela começou a namorar Ivan. Um lindo rapaz também nascido no Paty. Célia viu Ivan chegar na festa com sua calça boca de sino e a camiseta bem justa e o achou um "tipão", como gostava de dizer. Ivan se encantou com a alegria e a beleza daquela menina. Foram felizes por um tempo, mas o namoro acabou interrompido quando Célia saiu da ilha e da casa de seus pais adotivos, Chico e Tuzinha, e foi para a capital estudar.

Em Salvador, a dançante Célia morou na casa de Alzira, sua irmã de coração. Lá ela passou a encontrar com mais frequência sua prima e amiga Celinha, que no futuro se tornaria madrinha de seu filho. Célia e Celinha já tinham uma relação bastante próxima por conta das visitas de Celinha ao Paty. Elas corriam pela ilha inteira e a amizade que tinham era tão grande que chegavam a sentir ciúmes de outras amizades que tentavam disputar o espaço ou a atenção de uma delas.

Celinha lembra de várias histórias divertidas dessa convivência. Das travessuras, inclusive. Faziam excursões pra Caldas do Jorro e Atalaia. Nas festas de São Roque, ainda meninas, tomavam aula de dança com o irmão mais velho de Célia, Hamilton, que usava uma técnica infalível. A pedido delas, colocava-as em cima dos próprios pés e seguiam bailando juntos.

Com os filhos e filhas de Alzira, Célia sempre organizava brincadeiras como chicotinho queimado, três, três passará, pega-pega, roda... Era incentivadora e protetora das travessuras da criançada, e com elas produzia desfiles de moda, já estimulando que percebessem suas belezas. Tinha uma intuição admirável e algumas peculiaridades como, por exemplo, ter medo da imagem do cantor Ronnie Von, coisa que nem ela conseguia explicar.

Numa das voltas de Célia à ilha, eis que ela reencontrou Ivan num Carnaval, e da folia brotou a gravidez. Ela se preocupou, enfrentou as pressões que uma gravidez sem matrimônio significava naquela época, mas algo fez Célia manter a paz. Talvez fosse o amor que já nutria por aquela criança. Seu filho nasceu e ela cuidou dele com muito zelo e dengo. Durante um tempo, trabalhou na cantina da Universidade Federal da Bahia, e foi lá que ela começou a planejar sua volta aos estudos. Ela sabia que tinha esse direito. Mas isso só aconteceu anos depois, quando encontrou uma escola noturna próxima ao emprego. Aquilo era pra ela e seu filho. Sempre fazia questão de que seu pequeno a visse com livros e cadernos. De vez em quando, com a anuência da professora, o levava para a escola. Nesses dias, ela fazia questão de ser bastante participativa nas aulas e, muito vaidosa, sorria para o menino toda vez que era elogiada por sua conduta.

Nas folgas do trabalho, ligava o rádio no maior volume, colocava a criança sobre seus pés e dançava. O filho sorria e abraçava a mãe, querendo ficar o máximo de tempo possível no aconchego daquele amor. O pequeno Lázaro começou a fazer teatro e participou de um especial de Natal na TV local. A fita VHS ficou gasta de tanto que ela reviu o programa. Assistia sozinha e também mostrava para as visitas, para quem, orgulhosa, exibia o seu amor.

Célia foi potência na sua passagem pela Terra. Foi bela, inteligente e dona de uma enorme capacidade de agregar. Cumpriu um ciclo. Porque a vida é feita de ciclos e um dia Célia partiu deixando uma história que precisa ser exemplo e aprendizado para quem encontrar outras Célias em seu caminho. Célia sofreu, sim, mas mesmo nos seus últimos dias manteve um olhar que dizia que ela sabia que tinha o direito de sorrir e de ser amada.

Minha mãe foi uma grande mulher.

Só uma última gota: minha mãe foi uma mulher preta que viveu e sobreviveu a cada dia. Ela me comove. Meu olhar não está anestesiado, achando normal ou natural tudo que ela enfrentou. Como muitas pessoas, o que ela passou é resultado de um projeto de país que, depois de escravizar uma população, tratou de criminalizar e animalizar tudo o que era preto. Ainda assim, minha mãe e tantas outras pessoas resistiram e se reinventaram. Mas isso não basta. Não é a sobrevivência que precisa ser o destino. Não dá pra calar e nem nos acomodarmos. Em honra aos nossos ancestrais, para um futuro melhor pros nossos descendentes, mas também para um hoje de plenitude. É preciso ser o pássaro que voa para a frente enquanto olha para trás com uma semente em seu bico.

E a você que veio nesta nova viagem, depois de tantas perguntas, agora te envio desejos.

Desejo que você veja a beleza que está em você e no que você pode construir. A beleza que vem lá de trás e que talvez lhe tenha sido negada, mas que ainda assim sobrevive em cada pessoa que não desistiu e reexistiu.

Desejo que você tenha tempo para se cuidar, que receba beijos de amor, que receba afago e dengos.

Desejo que você chore se precisar, mas que também gargalhe até a barriga doer.

Desejo que você descubra o que te faz feliz.

Desejo que você cuide e preserve seu corpo e sua cuca, que seja respeitado, que tenha boas conversas.

Desejo que você dance feliz, mesmo sem música, e sem medo de julgamento, como Mãinha fazia nas festas.

Desejo que sua vida seja afirmativa e bela.

Obrigado pelo papo.

NKONSONKONSON

Símbolo de unidade e das relações humanas.

O que nos resta? Um epílogo.
O fim prometido lá no começo.
Minha mãe, se viva, começaria
a ler este livro por ele.
Mas como terminar um livro como este de forma
luminosa, mãe? Ele é parte de algo contínuo, de
uma construção. Mas as construções são feitas
também do que se imagina, do que se projeta.
Arte e utopia.
Pra você, dona Célia: "O conto do Juízo Inicial".

Epílogo
O conto do Juízo Inicial
Para tempos distópicos, uma ficção utópica

Brasil, 1º de novembro de 2053.

Aquela manhã estava especialmente ensolarada. Uma música animada invadia a casa vindo da rua. O filho do velho ator olhou para o coração pulsante de seu pai. Era um coração de cor viva e, mesmo sem um rosto, parecia sorrir. Pelo menos era como o filho sentia. O coração estava, como de costume, preservado no vidro que o mantinha presente. A escultura em formato de coração, o igbá do seu pai, ficava na sala da sua casa e todos os dias o filho conversava com ele.

Dançando, ele acabou de se arrumar. O filho do velho ator ia se encontrar com a irmã para comer uma moqueca com vatapá. Estava ansioso, pois naquele dia se comemorava, além do aniversário do coração pulsante do pai, o também chamado Dia do Juízo Inicial.

Após a pandemia, a guerra, a tentativa de reinstalar uma ditadura, as consequências caóticas de governos extremistas e seus seguidores, que, de forma perversa, mataram o desejo e a crença de um mundo melhor, a falta de água, até para cozinhar, e a falta de ar, que quase dizimou os seres humanos e os animais. Após tudo isso, um pacto foi fechado pelas novas lideranças. Elas tinham sido testemunhas do que foi feito do mundo. As novas lideranças, ainda crianças, viram assassinatos de pessoas só por serem quem são, viram os recursos naturais se esvaírem, viram a falta de compaixão e as mentiras se tornarem combustível para qualquer convencimento. Aquelas crianças, umas de apenas três anos após a grande crise mundial, elas, de quem pouco se esperava, combinaram silenciosamente de tentar outros caminhos.

Ninguém viu acontecer e até hoje não se sabe como aqueles pequenos seres se articularam para tanto.

Mas o que se conta é que eles sabiam que, ao se adquirir poder, quem nunca teve acesso a ele acabava tendo um outro desafio, que é o da revisão do modelo de liderança e a necessidade de compreender para que serve o poder.

Até então, o modelo de poder era o que humilhava, manipulava, o que criava castas e pequenos grupos de comando, deixando para a maioria o papel de seguidores. Era aquele que não libertava as pessoas através do conhecimento e da educação, a não ser os que estavam nos círculos de privilégio.

Os pequenos viram os mais velhos debatendo essas questões todos os dias. Às vezes, eram debates guiados pelo fígado. Muitos dos mais velhos se revoltaram, mas outros ficaram passivos, achando que estavam sequestrados e que não tinha mais jeito.

Os pequenos começaram seu projeto conduzindo aqueles que já sabiam que não deviam desistir. Foram chamados de Não Desistentes. Eles tomaram o poder e começaram seu projeto.

E foi na educação que tudo começou. Não havia como criar uma nação que aproveitasse todo o potencial de seus indivíduos se a educação e o senso crítico não fossem estimulados dia após dia. Se o modelo de investimento no povo e na educação não fosse revisto. Se não descobrissem novas tecnologias para tornar cada pessoa um apaixonado pelo saber. Os pequenos e os Não Desistentes sabiam que, se o professor não fosse o profissional mais valorizado, capacitado e bem remunerado, tudo caminharia a passos de formiga. E assim começaram a libertação. Libertaram as pessoas através da educação!

A educação abriu mentes, reconstruiu lugares e pessoas, moldou comportamentos, trouxe saúde para elas enfrentarem os desafios diários e se libertarem das amarras, dos vícios de uma história construída em cima de sangue e violência psicológica e física.

Graffitis com a frase dos pequenos e dos Não Desistentes tomaram o país: PRAZER NO SABER É ARTE.

Foi preciso reconhecer, problematizar e até tensionar o sistema.

Debateu-se muito se era preciso destruí-lo ou recriá-lo.

E nessa dúvida nasceu o Manifesto do Juízo Inicial.

Antes de sair de casa, o filho do coração pulsante releu a cópia do manifesto histórico que foi escrito após aqueles anos tristes pelos quais todos passaram. A tempestade antes da bonança. Leu em voz alta:

Não teremos futuro sem um resgate do passado. Como cidadãos, como sociedade e como país, precisamos nos mostrar capazes de promover uma grande reconciliação, reparando mágoas pessoais e injustiças coletivas. Como povo, precisamos coletivamente realizar esse esforço. Nossa libertação como sociedade (ou redenção, para os mais religiosos; ou reabilitação, para os mais clínicos) implica um reconhecimento dos erros cometidos e a construção de algo novo.

As tantas injustiças que se acumularam no corpo social, intergeracionalmente, criaram cicatrizes que seguem abertas e, pior, continuam a gerar novas feridas muitas vezes tumorais e hemorrágicas. Na verdade, o Brasil, tanto em seu corpo quanto em sua alma, é produto de uma difícil — mas possível — construção coletiva.

Temos que fazer com que se respeite, coletivamente, os mínimos e básicos princípios da Constituição, fortalecendo a implantação de uma democracia verdadeira, que reflita efetivamente os interesses da maioria. O que exige de cada um de nós posicionamento ativo, destemido, forte. Unidos, iremos exercer todos os Direitos da Constituição Federal: art. 1º (III) o fundamento da dignidade da pessoa humana; art. 3º (I) o objetivo fundamental de construir uma sociedade livre, justa e solidária; (III) erradicar a pobreza e a marginalização e reduzir as desigualdades sociais e regionais; e (IV) promover o bem de todos, sem preconceitos de origem, raça, sexo, cor, idade e quaisquer outras formas de discriminação. Por isso, e em uníssono, reafirmamos nosso compromisso com a construção de uma nação solidária, sem abismos étnicos, de natureza democrática e referenciada por valores da Justiça e da Liberdade. Da promoção humana de todos, ao se olharem no espelho da realidade nacional, com alma irmã.

Vamos atuar sempre com integral respeito à Dignidade Humana, como amigo e parte da Natureza e protegeremos os bens públicos.

Vamos buscar o entendimento como forma de solução dos conflitos, combater qualquer tipo de desperdício, utilizando com racionalidade os recursos materiais, públicos e privados, refletir de forma crítica e construtiva para elevar a convivência entre os membros.

Organizar, fomentar e incentivar atividades prazerosas e estimuladoras da cooperação. Praticar o princípio de pensar o bem, falar o bem e fazer o bem. E por fim vamos seguir os caminhos da verdade, justiça, moralidade, compaixão, coragem, sinceridade, honra e lealdade.

Após a leitura, o filho do velho coração pulsante saiu de casa balançando o corpo em festa e com um sorriso no rosto e foi se encontrar com a irmã. Ele viu que ela tinha um pacote nas mãos, e logo quis saber o que era: camarão seco, que ela trouxera da Bahia. Disse: "Você não sabe a saga que foi para trazer este camarão até aqui". Se abraçaram e foram comer a famosa moqueca. Findada a deliciosa refeição, caminharam pela cidade. Celebraram felizes a data e viram no caminho vários outros corações pulsantes como o do seu pai, sua mãe e sua avó, que permaneceram pulsantes por também serem daqueles que não desistiram.

Agradecimentos

Onisajé, Pascoal Soto, Taís Araújo, João Vicente de Araújo Ramos, Maria Antônia de Araújo Ramos, Fatima Vahia, Nila Carneiro, Ivan Ramos, Viviane Ramos, Roberto Viana Batista, Rossini Corrêa, Zebrinha, Daniela Duarte, Fernando Santos, Dindinha, Nane Lopes, Gabriela Ferreira, Welington Silva, Fernanda Felisberto, Antonio Trigo, Fernanda Fernandes, Rosania Sacramento, Rosenilda Sacramento, Evilásio Sacramento, Rosana Amorim, Almiralice Sacramento, Tio Vadu, Tia Celinha, Tania Rocha, Camila Motta, Gustavo Gontijo, Igor Verde, Jarbas Bittencourt, Elísio Lopes Jr., Débora Melicio, Elzo Rodrigues, Leão Lopes, família Sacramento e família Ramos.

Este livro foi finalizado no Dia das
Mães, 12 de maio de 2024, na Ilha de
São Vicente, Cabo Verde, África.

O apartamento que comprei pertence hoje
a uma associação que acolhe profissionais
resgatadas em trabalho escravo. Na sala,
tem este lindo graffiti de Nila Carneiro com
o rosto de dona Célia, em que seus olhos
de mar miram o mundo e as pessoas.

ESTA OBRA FOI COMPOSTA PELA ABREU'S SYSTEM EM INES LIGHT
E IMPRESSA EM OFSETE PELA GRÁFICA BARTIRA SOBRE PAPEL PÓLEN BOLD
DA SUZANO S.A. PARA A EDITORA SCHWARCZ EM FEVEREIRO DE 2025

A marca FSC® é a garantia de que a madeira utilizada na fabricação do papel deste livro provém de florestas que foram gerenciadas de maneira ambientalmente correta, socialmente justa e economicamente viável, além de outras fontes de origem controlada.